運動嫌いの子も楽しめる！
体力アップに効果絶大！

体育あそび 101

三好真史 著

学陽書房

はじめに

「体育なんて、やりたくない。いくらやっても、できないんだもん」
そう言って、体育科の授業を嫌がる子どもがいます。
「体育科の授業って、どうやればいいのか分からない。教科書がないから、
　難しくて……」
そう言って、体育科の授業づくりを苦手に感じている教師がいます。
そんな子どもと教師の悩みに応えるのが、本書です。

　体育あそびとは、体育科の授業はじめに行う簡単な運動のこと。動きが
簡単なので、運動の苦手な子どもでも楽しむことができます。準備いらずの
運動ばかりなので、体育科指導を苦手に感じている教師でも教えることが
できるのです。

　体育あそびを体育授業に取り入れれば、その日に取り組む運動に興味を
もたせることができるようになります。子ども同士のつながりが生まれ、体
育へ臨む態度が変わります。

　体育あそびをやるにあたって、大きな準備は必要ありません。
　授業前に本書を開き、今日の授業に適切な内容を選びましょう。

「次は、どんな運動をするのかな?」
「もっと、いろいろな運動をやってみたいな!」

　体育あそびをやると、子どもたちは体育が大好きになっていきます。
　体育科の授業はじめの5分間で、楽しい体育あそびをやってみましょう!

contents

はじめに ……………………………………………………… 3

Introduction
体育あそびの指導で大切にしたい3つのこと

Point 1 テンポとリズムを重視する …………………………… 10
Point 2 見本を見せる ………………………………………… 12
Point 3 規律をつくる ………………………………………… 14

COLUMN 1 みんなが楽しめるようにするために ……………… 16

Chapter 1
ペアで行う体育あそび

ペアで触れ合うあそび	**1**	押し合いへし合い	…………	18
	2	引っぱり合いっこ		19
	3	たたいてふんで！		20
	4	ケンケン相撲		21
	5	きゅうりもみもみ		22
ペアで競い合うあそび	**6**	ネコとネズミ		23
ペアで協力するあそび	**7**	トラストアップ	…………	24
	8	コーヒーカップ	…………	25
	9	グーパージャンプ	…………	26
	10	シェルパーウォーク	…………	27
ペアでの表現あそび	**11**	ジェスチャーしりとり	…………	28
	12	忍者の戦い	…………	29
	13	スローモーション・ボクシング	…………	30
	14	鏡うつし	…………	31
	15	あやつり合いっこ		32
ペアで力をつけるあそび	**16**	手のひら外し	…………	33
	17	運びっこ	…………	34
	18	おんぶジャンケン	…………	35
	19	手押し車ジャンケン	…………	36
	20	開いてくぐって！	…………	37

COLUMN 2 授業開きにおすすめの体育あそびプログラム … 38

Chapter 2
グループで行う体育あそび

グループで 触れ合うあそび	**21**	人間知恵の輪	………	40
	22	ヒューマンチェア	………	41
	23	輪になってリラックス	………	42
	24	王様タッチ	………	43
グループで 協力するあそび	**25**	丸太ころがし	………	44
	26	お地蔵さん倒し	………	45
	27	くっつけろ！	………	46
グループで 競い合うあそび	**28**	進化ジャンケン	………	47
	29	ぼうし取り合いっこ	………	48
	30	グルグルジャンケン	………	49
グループでの 表現あそび	**31**	エアキャッチボール	………	50
	32	感情ボール回し	………	51
グループで 息を合わせるあそび	**33**	ケンケン列車	………	52
グループでの 陸上あそび	**34**	折り返しコーンリレー	………	53
	35	ゴムひもジャンプ	………	54
	36	ハードルあそび	………	55
集団行動あそび	**37**	行進あそび	………	56
	38	タッチ集合	………	57
	39	触れ合い集合	………	58
	40	目つぶり回転	………	59
	COLUMN 3	体育科指導をどこから見るか	………	60

Chapter 3
場や器具を使った体育あそび

風船あそび	**41**	風船たたき	62
	42	風船はさみ競争	63
新聞あそび	**43**	新聞あそび	64
	44	新聞ボール	65
フラフープあそび	**45**	フラフープ回し	66
	46	フラフープ移動	67
マットあそび	**47**	シンクロゆりかご	68
	48	マット引き競争	69
鉄棒あそび	**49**	鉄棒ジャンケン	70
	50	鉄棒ふりおり競争	71
跳び箱あそび	**51**	跳び箱とびおり	72
	52	跳び箱ドッジボール	73
平均台あそび	**53**	平均台渡り	74
なわとびあそび	**54**	短なわ２人とび（縦向き）	75
	55	短なわ２人とび（横向き）	76
	56	長なわピョンピョン	77
施設あそび	**57**	肋木のぼり	78
	58	ロープあそび	79
	59	うんていジャンケン	80
	60	のぼり棒あそび	81
	COLUMN 4	雨の日の教室あそび	82

Chapter 4

ボールを使った体育あそび

ボールを投げるあそび	**61**	ボールキャッチ	84
	62	ボールパス	85
	63	パス回し	86
	64	トンネルくぐり	87
	65	ないしょドッジボール	88
	66	ハンデドッジボール	89
	67	とりかご	90
	68	1分間シュート	91
	69	ころがりコーン当て	92
ボールをけるあそび	**70**	タッチ＆ジャンプ	93
	71	ボールトラップ	94
	72	コーン倒し	95
	73	遠くから入れられるかな	96
	74	ハードルサッカー	97
ボールを運ぶあそび	**75**	ボール取りオニごっこ	98
	76	卵落とし	99
ボールをはじくあそび	**77**	ふわふわボール	100
	78	バウンドつなぎ	101
ボールを打つあそび	**79**	紅白玉打ち	102
	80	ティーバッティングセンター	103

COLUMN 5 あったら便利な体育道具 …………………… 104

Chapter 5
オニごっこ体育あそび

かわりオニあそび	**81**	線オニ	106
	82	島オニ	107
	83	セーフオニ	108
	84	壁算数オニ	109
	85	条件オニ	110
ふえオニあそび	**86**	川オニ	111
	87	大根抜きオニ	112
	88	手つなぎオニ	113
こおりオニあそび	**89**	魔法オニ	114
ろうやオニあそび	**90**	ろうやオニ	115
	COLUMN 6	体育で音楽を使うひと工夫	116

Chapter 6
プールで行う体育あそび

水慣れあそび	**91**	燃えてるよ！	118
	92	水中マネっこ	119
	93	水中版ネコとネズミ	120
	94	浮き方いろいろ	121
	95	動物歩き	122
もぐるあそび	**96**	宝探し	123
	97	もぐりっこ	124
	98	ブクブク我慢	125
	99	水中ジャンケン	126
泳ぐあそび	**100**	ビート板競争	127
	101	広げて伸びて	128
	COLUMN 7	水泳の自由時間を、さらにおもしろく	129

おわりに 130

Introduction

体育あそびの指導で
大切にしたい
3つのこと

体育あそびをする上で、
大切にすべきことは
何でしょうか？
教師が知っておきたいポイントを
3つにまとめました。

Point 1　テンポとリズムを重視する

体育あそびは、テンポとリズムが命です。

テンポよく進めることができれば、子どもたちの心と体があたたまります。

新しい運動にも、自ら進んで取り組むようになります。

間をあけずに、どんどん次のあそびへ移っていくようにすることが大切です。

体育あそびをテンポよく進めるためには、次の3点を意識するといいでしょう。

①ルールを20秒以内で説明すること

　ルール説明をする際に、長々と細かいところまで説明すれば、丁寧なようには感じられますが、逆に分かりにくくなってしまいます。「聞いてなくてもできそうだ」と感じさせてしまえば、子どもが指示を聞かなくなってしまうこともあります。

　不必要な言葉を削り取り、できるだけ短い指示で説明できるようにしましょう。短い指示だからこそ、子どもたちは集中して聞くことができるのです。目安は20秒以内です。

②活動の時間は、15～30秒程度にすること

　どれだけ楽しいあそびだとしても、何分間も続けてやっていれば、疲れてしまうし、飽きてしまいます。子どもたちの意欲は、時間が経つにつれ、上昇していき、やがて下降していくものなのです。意欲が下降する前に終了しましょう。

　1つのあそびにつき、15～30秒程度で終えるようにしましょう。「もう少しやりたいのに……」と子どもが感じているような状態でやめるのがベストです。

③ルールをちょっとだけ変えること

　あそびを終えて、次のあそびをやるにあたり、まったく異なるルールのあそびをやろうとすれば、また1から覚えなくてはなりません。時間がかかり、間延びしてしまいます。でも、ルールをちょっと変更するだけならば、すぐに理解してあそびに取り組むことができます。

　本書では、1つのあそびにつき、2つの指示を掲載しています。これは、「ルールをちょっとだけ変えた内容」にしています。また、「ADVICE！」の項目には、類似のあそびを紹介しています。「さっきのあそびのルールを、ちょっとだけ変えてやってみよう！」とすれば、テンポとリズム感のある授業が展開できます。

10

Point **2**　見本を見せる

　新しいあそびを行う場合は、言葉で説明するだけで活動を始めると、「よく分からないな……」と困ってしまう子が現れます。

　言葉だけで運動を理解するのは、とても難しいことなのです。

　「百聞は一見にしかず」といいます。

　新しいあそびを説明するときには、できるだけ見本を見せるようにしましょう。

　「○○というあそびをします。〜〜というようにやります。
　　では、これから見本を見せます。手伝ってくれる人?」

　このように伝えて、まずは教師と子どもで見本をやって見せます。

　見本の動きを見せながら、詳しいルール説明を加えたり、運動のコツを伝えたりします。

　見本を見れば、ほとんどの子が理解することができます。

　全員が完全に理解できていなくてもかまいません。クラス全体の8割程度の子が分かればいいのです。あとはペアの子や、グループの子が教えてくれるので、滞りなく進むことでしょう。

　なわとびの2人とびなど、子ども同士の見本が必要になる場合では、あらかじめ子どものペアに依頼しておきます。「次は、こういう動きをやるから、見本をやってくれるかな?」というように伝えておき、全員に見本を示してもらうようにするといいでしょう。

　なお、見本を示したものの、いまいちルールが伝わっていなかったり、活動に停滞が見られたりする場合は、活動を止めて、もう一度上手にできている子の見本を見せるようにしましょう。

Point 3　規律をつくる

体育あそびを活用することで、クラスの規律をつくることができます。
授業開きでは、子どもたちへ次のように伝えます。

「体育あそびは、みなさんの体力をつけるものです。
すばやく動ければ、たくさんの時間ができます。
時間ができれば、いろいろな運動をすることができるのです。
だから、できるだけテキパキと動き、時間をつくれるようにしましょうね」

体育あそびを楽しいと感じている子どもたちは、「もっとたくさん楽しい運動がしたい」と考え、すばやく動くようになります。
それでもやはり、運動に夢中になっていると、そんな約束事は忘れてしまうもの。
「はい、そこまで！」と終わりの号令をかけても、運動をやめるまでに時間がかかったり、聞く姿勢をとれなかったりするものです。

そういうときに有効なのが、「やり直し」です。
「遅いです。やり直し。もう一度、始め！」と、あそびを最初からやり直しさせます。
再開してすぐ、3秒ほどで終わってしまいます。
全員がパッと終えられるようになるまで、何度も繰り返します。全員すばやく聞く姿勢をとることができたら、「すばらしい！　はやい！　そうやってすばやく動けると、たくさん運動できますね」というように、念押ししながらほめるようにします。
このように、あそびの様子を見ながら適宜「やり直し」をはさむようにするのです。

楽しく体育あそびをする。ピリッと厳しく指導する。
「楽しく」「厳しく」のバランスを意識して、クラスの規律をつくり出しましょう。

COLUMN 1

みんなが楽しめるようにするために

「体育あそびをやっていると、『やりたくない』と言って、活動に入ろうとしない子どもがいます。どうすれば入らせることができるでしょうか?」

そんな相談を受けることがあります。

私も、はじめはそういう悩みをもつことがありました。

しかし、ある1点に気を付けるようにしてからは、困ることがなくなりました。

それは、「身体接触の量を調節すること」です。

例えば、はじめから「ペアの人と、体をマッサージし合いましょう」という指示を出しても、うまくいかないことが予想されます。

身体接触の量が多いため、触れ合うことに抵抗を感じてしまうのです。

そうなると、「僕、やりたくないな」と言ってしまうわけです。

例えば、「手の押し合い」と「手の引っぱり合い」では、どちらを先に行うべきでしょうか。

「手の押し合い」は、手を瞬時に触れ合わせるだけです。一方、「手の引っぱり合い」では、しばらく手をギュッと握り合うことになります。

つまり、この場合では、「手の押し合い」のほうを先にやったほうがいいということになります。

はじめのうちは、身体接触の量が少ないあそびを行います。心と体があたたまってきてから、たくさん触れ合う体育あそびを取り入れるようにするのです。

このように、体育あそびがうまくいかない場合は、身体接触の量に気を付けて、順番を見直してみるようにするといいでしょう。

Chapter

1

ペアで行う
体育あそび

・
・
・

ペアの人と
協力してあそびます。
2人組になって行う
体育あそびです。

ペアで触れ合うあそび①

1 押し合いへし合い
両手でドンドン押し合おう！

❶手の押し合いをする

両手で手の押し合いをします。
1歩でも動いたら負けです。
勝負がついたら、もう一度始めましょう。

❷片足立ちで手の押し合いをする

今度は、片足立ちで押し合いをします。
動いたら負けです。

ADVICE！
- 「しゃがんで押し合う」「後ろ向きに立って押し合う」「横並びに立って押し合う」などにすれば、さらに難易度が上がります。
- 中〜高学年にはフェイントをかける方法を教えるといいでしょう。

ペアで触れ合うあそび②

2 引っぱり合いっこ
両手をつないでグッと引っぱろう！

❶両手の引き合いをする

両手をつないで引き合います。
1歩でも動いたら負け。
勝負がついたら、もう一度始めます。

❷片手の引き合いをする

今度は、右手をつないで引き合いをします。
1歩でも動いたら負け。

ADVICE!
- 「片足立ち」でやると、不安定になり、難しさが増します。
- いきなり手をグッと強く引いてしまうと、肘をケガするおそれがあります。加減に気を付けるように注意を促しましょう。

Chapter 1　ペアで行う体育あそび　19

ペアで触れ合うあそび③

3 たたいてふんで!
片手をつないでたたき合う!

❶背中のたたき合いをする

右手をつないで、背中のたたき合いをします。
多くたたいたほうが勝ちです。

❷足のふみ合いをする

右手をつないで、足のふみ合いをします。
多くふんだほうが勝ちです。

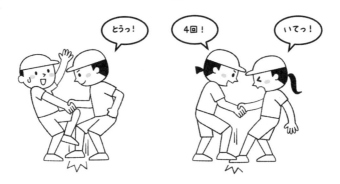

ADVICE!
- たたくことに夢中になり、周囲の友だちと衝突することがあります。子ども同士の間隔を大きくとるようにしましょう。
- 足のふみ合いは、長くやると危険です。10秒程度で終えましょう。

ペアで触れ合うあそび④

④ ケンケン相撲

片足ケンケンでぶつかり合う!

❶ケンケン相撲をする

腕を組んでケンケン相撲をします。
両足がつくと負けです。
ペアの人と勝負しましょう。

❷おしりケンケン相撲をする

おしりとおしりでケンケン相撲をします。
両足がつくと負けです。

ADVICE!
・両手をつかみ合ってケンケン相撲をするのもいいでしょう。
・「男子VS女子で、足がついたらその場に座る」などの設定にすると、クラス全体で楽しむこともできます。

ペアで触れ合うあそび⑤

5 きゅうりもみもみ
友だちとお互いの体をマッサージ！

❶きゅうりの塩もみをする

1人がきゅうりになります。
もう1人が両手できゅうりをもみます。塩もみです。
足ジャンケンをして、負けた人がきゅうりになります。

❷きゅうりの千切りをする

トントントンとチョップするように細かく手を動かすと、
きゅうりの千切りができます。やってみましょう。

ADVICE!
- 20秒程度たったところで「交替しましょう！」と号令をかけます。
- 「大根になります。細切りにしましょう」「トマトになります。輪切りにしましょう」「うどんになります。こねて、こねて、それから細く切りましょう」など、違う食べ物にするのもいいでしょう。

ペアで競い合うあそび

6 ネコとネズミ
言葉を聞いて、走り出そう！

❶ネコとネズミをする

中央の線のところへ2列になって座ります。
先生に向かって右側の人は手を挙げましょう。あなたたちは、ネコです。
左側の人は手を挙げましょう。あなたたちは、ネズミです。
呼ばれた側が、もう片方を追いかけてタッチします。
逃げる人は、両端の線までたどりつけたら勝ちになります。
全員起立！　では、始めましょう。ネ、ネ、ネ……ネコ！

❷連続して何回も行う

ネ、ネ、ネ……ネズミ！
（5回　活動後）多く勝てた人？（挙手・確認）すごい！　よくがんばりました。

ADVICE！
- いろいろな姿勢（座っているところ、寝ているところなど）から始めると、運動量を増やすことができます。
- 間にボールを置き、ドリブルしながら逃げるルールにすれば、サッカーやバスケットボールなどのドリブルの練習にもなります。
- ネコとネズミではなく、「サケとサンマ」「馬と牛」「カブトムシとカメレオン」など、違う言葉にしてもいいでしょう。
- 慣れるまでは、教師が進行方向を指すようにすると分かりやすくなります。

Chapter 1　ペアで行う体育あそび　23

ペアで協力するあそび①

7 トラストアップ
相手を信じて立ち上がろう！

❶背中合わせから立ち上がる

背中合わせで三角座りをして、腕を組みます。
そこから、2人同時に立ち上がりましょう。

❷向かい合わせから立ち上がる

今度は、両手を引き合います。
足の先をくっつけて三角座りをして、2人同時に立ち上がりましょう。

ADVICE！
・足に体重をかけて、そのまま立ち上がってしまう子がいます。できるだけ背中や手に体重をかけて支え合って立つように促しましょう。

ペアで協力するあそび②

8 コーヒーカップ
両手をつないでグルグルグル！

❶両手をつないで回転する

両手をつないでグルグル回りましょう。
途中で合図があったら、反対に回ります。
ペアの人と手をつないで、始め！

❷反対回りをする

反対回り、始め！　はい、ストップ。
（活動後）目が回っちゃった人？　（挙手・確認）

ADVICE！
・ほかの友だちと衝突する危険性があります。十分な距離をとれているか気を付けましょう。
・片手をつないで回ってもいいでしょう。

Chapter 1　ペアで行う体育あそび　25

ペアで協力するあそび③

9 グーパージャンプ
タイミングに気を付けて、ジャンプジャンプ！

❶グーパージャンプをする

となりの人と足ジャンケンをします。勝った人が足を伸ばして座り、負けた人は勝った人の足を踏まないように気を付けて、足の上でジャンプしながら足をグーパーします。

❷交替して行う

はい、そこまで。
交替して行いましょう。

ADVICE！
・「1ピョン2ピョン1ピョン2ピョン……」というように、かけ声を決めるとうまくいきます。
・慣れてきたら、テンポをはやくします。

ペアで協力するあそび④

10 シェルパーウォーク
目を閉じた友だちをコントロール！

❶シェルパーウォークをする

ペアで、前と後ろに並びます。前の人は目を閉じます。
後ろの人が前の人の肩を持って操作します。
両肩ポンで前へ進み、もう一度たたかれたら止まります。
右肩ポンで右に曲がり、左肩ポンで左に曲がります。
ジャンケンで負けた人が後ろ、勝った人が前になります。

前へ進め 　　左へ曲がれ

❷交替して行う

はい、やめ。
前と後ろを交替して行いましょう。

ADVICE！　・友だち同士の衝突が起こらないように、教師は常に全体をよく見ているようにしましょう。

ペアでの表現あそび①

11 ジェスチャーしりとり
体全部を用いて、大きなしりとり！

❶ジェスチャーしりとりをする

足ジャンケンをして、勝った人から全身を使った
ジェスチャーでしりとりをしていきます。
大きく動きましょう。「り」から、始め。

❷答え合わせをする

はい、そこまで。
しりとりがきちんとできていたかどうか、答え合わせをしてみましょう。

ADVICE！
・モノを表現するのではなく、そのモノを使ってどうするのかを表現できるように促しましょう。例えば、答えがリンゴの場合は、リンゴの形を表すのではなく、リンゴをかじる動きをしてみせるようにします。

ペアでの表現あそび②

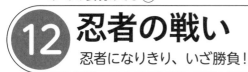

12 忍者の戦い
忍者になりきり、いざ勝負！

❶ 3つの動きを覚える

ペアの人と忍者になって戦います。
「手裏剣」「刀」「吹き矢」の動きを、
みんなで一緒に1つずつやってみましょう。

手裏剣　　　　　　　　刀　　　　　　　　吹き矢

❷ 3つの動きを組み合わせて戦う

「手裏剣」「刀」「吹き矢」を自由に組み合わせて戦いましょう。

ADVICE!
- 「スローモーションで戦いましょう」と指示を出すと、じっくり大きく動く子どもが現れてさらに盛り上がります。
- アニメの戦闘シーンのBGMを流すと、場の雰囲気に迫力が増します。

Chapter 1　ペアで行う体育あそび　29

ペアでの表現あそび③

13 スローモーション・ボクシング
友だちとボクシングのマネっこ！

❶スローモーションでボクシングをする

ゆっくりと、ボクシングの試合をします。
となりの人とジャンケンをして、
勝った人が攻撃、負けた人がパンチをかわしましょう。

❷交替して行う

はい、やめ。
攻撃と守りを交替して行いましょう。

ADVICE!
- 「お互いに攻撃し合いましょう」として、戦い合わせるのもいいでしょう。
- BGMで「ロッキーのテーマ」を流せば、さらに場の雰囲気に迫力が増します。
- 実際にパンチを当てることがないよう、注意を促しましょう。

ペアでの表現あそび④

14 鏡うつし
友だちの動きをそっくりマネっこ！

❶負けた人が鏡になる

足ジャンケンをして、負けた人は勝った人の鏡になります。
勝った人の動きを、負けた人はそっくりそのままマネしましょう。

❷良い見本を見せてから、交替して行う

AさんとBさんのペアがすばらしい！　見本を見せてください。
これくらい、大きな動きでやってみましょうね。
それでは、鏡を交替して行いましょう。

ADVICE! ・「はやさ」「高さ」「向き」を変化させられるように声かけしましょう。

Chapter 1　ペアで行う体育あそび　31

ペアでの表現あそび⑤

15 あやつり合いっこ
友だちを右へ左へ動かそう！

❶手のひらで手をあやつる

足ジャンケンをして、勝った人は、手のひらを大きく動かします。
負けた人は、勝った人の手のひらから
10㎝離れた位置に手を保つようにして動きます。

❷手のひらで顔をあやつる

足ジャンケンをして、勝った人は、手のひらを大きく動かします。
負けた人は、勝った人の手のひらから10㎝離れた位置に
顔を保つようにして動きます。

ADVICE！
- 30秒程度やったところで、交替の号令をかけるといいでしょう。
- 高くしたり、低くしたり、回ったりなど、いろいろな動きが生まれるように助言しましょう。

ペアで力をつけるあそび①

16 手のひら外し
「いただきますポーズ」をくずせるか!?

❶ いただきます外しをする

足ジャンケンをして、勝った人は、「いただきますポーズ」をします。
負けた人は、その手を外してみましょう。
ポーズをする人が 10 秒間耐えられたら勝ちです。

❷ フック外しをする

もっと難しくしてみましょう。
指先を曲げてひっかけます。より外しにくくなりました。
この状態で、さっきのように外してみましょう。
足ジャンケンをして、勝った人が「フック」をします。

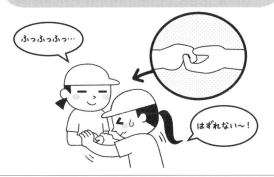

ADVICE!
・左右にではなく、上下や前後へずらすようにすると外しやすくなります。
・両手の指をからめる「お願いポーズ」外しを行ってもいいでしょう。

Chapter 1　ペアで行う体育あそび　33

ペアで力をつけるあそび②

17 運びっこ
友だちを引きずって運ぼう！

❶あおむけ運びをする

足ジャンケンをして、負けた人は、あおむけになります。
勝った人は、負けた人の手を持って10歩引きずります。
10歩引いたら、もう一度足ジャンケンから始めます。

❷うつぶせ運びをする

足ジャンケンをして、負けた人は、今度はうつぶせになります。
勝った人は、負けた人の手を持って10歩引きずります。

ADVICE!
・「足を引いてもよし」とすれば、さらに楽しさがアップします。
・重くて引きずれないという場合、「小刻みに歩くことができていればOK」と伝えておきましょう。

ペアで力をつけるあそび③

18 おんぶジャンケン
新しいペアでおんぶしよう!

❶おんぶジャンケンをする

足ジャンケンをして、負けた人は、
勝った人をおんぶしながら10歩進みます。
終わったら、もう一度足ジャンケンから始めます。

❷おんぶジャンケンチェンジをする

ペアでおんぶしながら、ほかのペアとジャンケンをしましょう。
ジャンケンは、背負われている人が代表して行います。
負けたペアは、勝ったペアの人をそれぞれ背負います。
いろいろなペアとジャンケンを繰り返していきましょう。

ADVICE! ・パートナーを替えるときに有効なあそびです。「そのペアで、次のあそびをします」とすれば、新しい友だちと関わることができます。

ペアで力をつけるあそび④

19 手押し車ジャンケン

いろいろな友だちと手押し車をしよう！

❶手押し車ジャンケンをする

足ジャンケンをして、負けた人は、手をついて車になります。
勝った人は、負けた人の足を持ち、10歩進みます。
終わったら、もう一度足ジャンケンから始めます。

❷手押し車ジャンケンチェンジをする

ペアで手押し車をしながら、ほかのペアとジャンケンをしましょう。
ジャンケンは、車の人が代表して行います。
負けたペアは車になり、勝ったペアの人がそれぞれ足を持ちます。
いろいろなペアとジャンケンを繰り返していきましょう。

ADVICE!　・片手を挙げてジャンケンをする動きは、なかなか難しいものです。倒れずに、片手で堪えてジャンケンできるように励ましていきましょう。これによって、体を支える力が養われるのです。

ペアで力をつけるあそび⑤

20 開いてくぐって！
ジャンケンで、いろいろな運動にチャレンジ！

❶ ジャンケン足開きをする

ジャンケンをして、負けた人は、足を1歩開きます。
これを続けて行い、倒れたほうが負けです。

❷ 倒立くぐりをする

足ジャンケンをして、負けた人は、おなかを壁側にして壁倒立を行います。
勝った人は、壁と人の間をくぐります。
それでは、近くの壁でやりましょう。

ADVICE !
・ほかにも、次のような動きがあります。
　（例）「ジャンケン馬とび（負けた人が馬になり、勝った人は馬とび3回）」
　　　　「ジャンケンくぐりっこ（負けた人はブリッジ、勝った人はブリッジの下をくぐる）」

Chapter 1　ペアで行う体育あそび　37

COLUMN 2

授業開きにおすすめの体育あそびプログラム

　4月は、多くの子どもたちがワクワクしています。特に、体育科の授業は格別です。「新しい学年では、どんな運動をするんだろう?」と、期待に胸を膨らませています。そんな大事な授業開きを、「整列の仕方だけ教えて終わり」にしているようではもったいない。体育あそびを用いて、ワクワクする授業開きをやってみましょう。

　以下に、おすすめの体育科授業開きプランを紹介します。

---

①整列の確認をする

　「男女別で、背の順になって並んでみましょう。だいたいで大丈夫です」

②整列の仕方で説明する

　「前から1、2、1、2と言って座りましょう」

　「2の人は右斜め前へ1歩出ましょう。これが2列のときの並び位置です」

　「先生が左右の指を1本ずつ立てていたら、1列に並びます。

　2本ずつ立てていたら、2列に並びます。

　腕を広げたら、腕の角度の中3m以内に集まりましょう」

③あそびを交えながら、整列位置を覚える

　「壁をタッチして、1列で集合します」「3人と握手したら、2列で集合します」

　「先生が移動します。この場所へ、1列で集合します」

　「3人とハイタッチしたら、腕の中へ集合します」

④十分に確認できてから、体操隊形に広がる

　「両手を広げても友だちと当たらないくらいに広がります」

⑤教師の号令に合わせて準備体操をする

⑥いろいろな体育あそびをする

　押し合いへし合い(あそび❶)、引っぱり合いっこ(あそび❷)

　鏡うつし(あそび⓮)、運びっこ(あそび⓱)

　きゅうりもみもみ(あそび❺)、トラストアップ(あそび❼)

　ネコとネズミ(あそび❻)、風船たたき(あそび㊶)、風船はさみ競争(あそび㊷)

　これだけやって、ちょうど1時限です。子どもたちは、息を切らせながら、「楽しかった〜!」と笑顔いっぱいで教室へ帰っていくことでしょう。

　子どもたちの期待に応えられるよう、十分に準備して臨みましょう!

Chapter
2

グループで行う
体育あそび

生活班や
班分けされたグループで
楽しむことのできる
体育あそびです。

グループで触れ合うあそび①

21 人間知恵の輪
からまった腕がほどけるか!?

❶4人で人間知恵の輪をする

4人グループになり、ランダムに手をつなぎましょう。
体をひねったり、腕の間をくぐったりして、からまった腕をほどきます。
このとき、手を離してはいけません。1つの輪になれば成功です。
できたチームは、もう一度、違うつなぎ方でやってみましょう。

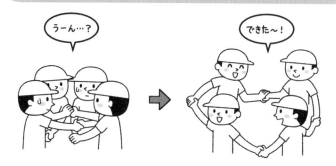

❷男子全員、女子全員で人間知恵の輪をする

今度は、男子全員、女子全員でやってみましょう。
無事、大きな輪になることができるでしょうか。

ADVICE!
- 両手とも同じ人の手をつかむと成り立ちません。うまくいかないグループがある場合は、伝えるようにしましょう。
- 大きな輪になったとき、後ろ向きになることもありますが、それもOKとします。

グループで触れ合うあそび②

22 ヒューマンチェア
バランスを保って、友だちの膝に腰かけよう！

❶ 4人でヒューマンチェアをする

4人で円になって立ち、後ろの友だちの膝に腰かけます。全員座ることができれば成功です。

❷ クラス全員でヒューマンチェアをする

全員で輪になり、後ろの人の膝に腰かけます。
「1、2の3、はい！」で、全員座りましょう。

ADVICE！
・十分に密着して行うのがポイントです。「できるだけ小さな円をつくってごらん」と声かけしましょう。

Chapter 2　グループで行う体育あそび　41

グループで触れ合うあそび③

23 輪になってリラックス
友だちと肩をもみ合おう！

❶肩もみ・肩たたきをする

全員で輪になって座ります。
このとき、足を開いて密着し、できるだけ小さな円をつくりましょう。
まずは、前の人の肩をもみましょう。
（活動後）肩をたたきましょう。

もみもみ…

トントントン……

❷前や後ろにもたれかかる

前の人にもたれかかりましょう。
（活動後）次は、後ろの人にもたれかかりましょう。

わ～

あたたかいなぁ

ADVICE！
- 4人グループなど、小集団で行うことも可能です。
- 急に倒れると危険です。やさしくもたれかかるように声かけしましょう。

42

グループで触れ合うあそび④

24 王様タッチ
グルグル回って王様を守れ！

❶王様タッチをする

5人グループになり、ジャンケンをして、
負け残った1人はオニになります。勝ち残った1人は王様です。
王様とほかの人は手をつなぎ、輪になります。
オニは王様をタッチしに行きます。ほかの人は、王様がタッチされないように、横へくるくる回るなどして邪魔します。
王様はタッチされたらオニと交替して、同じように続けていきましょう。

❷王様を2人に増やして行う

今度は、王様を2人にします。
オニは、どちらかに触れたらOKです。
タッチされた王様はオニと交替して、同じように続けていきましょう。

ADVICE!
・4人グループや6人グループでも行うことができます。
・回転したり、移動したりするなど、動きに工夫が見られるグループをどんどん見本として取り上げていきましょう。

Chapter 2　グループで行う体育あそび　43

グループで協力するあそび①

25 丸太ころがし
友だちの上をゴロゴロころがろう！

❶丸太ころがしを練習する

5人グループで丸太になり、並んで寝ころがります。
そのとき、1人がその上にのってころがり、
丸太の中でも一番後ろの人は一番前へと並び直します。
練習してみましょう。

❷丸太ころがしで競争する

ここから向こうの線まで丸太でころがり、
上にのっている人を進めていきます。
はやくゴールの線までたどりついたチームが勝ち。

ADVICE!
- 後ろの人が前へすばやく移動することが大事です。
- 上にのる人の選び方もかなり重要です。バランス感覚の優れている人が有利だということをアドバイスしましょう。

グループで協力するあそび②

26 お地蔵さん倒し
お地蔵さんになって倒れよう！

❶お地蔵さん倒しをする

3人グループで、横1列に並びます。
真ん中の人がお地蔵さんになって横に倒れ、
となりの人がキャッチして反対側に押し返します。
反対側の人も、倒れないようにキャッチして、それを何回も続けていきます。

❷お地蔵さんの動きを大きくする

お地蔵さんをだんだんと大きく倒してみましょう。
キャッチする人は、しっかりと受け止めましょう。

ADVICE!　・危険を伴うあそびであるため、あまり長時間はやらないようにしましょう。お地蔵さん役の子どもは、少し倒れるだけでもOKとします。

Chapter 2　グループで行う体育あそび　45

グループで協力するあそび③

27 くっつけろ！
指定されたところをくっつけよう！

❶ 3秒以内にくっつける

先生が体の部分を言っていきます。
言われたところを、近くの人とくっつけましょう。
3秒以内にくっつけられたら、セーフです。
では、始めましょう。頭！ 3、2、1、0！

❷ できるだけはやくくっつける

それでは、だんだんはやくしていきます。
ついてこられるかな？

ADVICE！
- ほかには、後頭部、手、肘、背中、腰、おしり、膝、すね、かかと、足の裏などで行いましょう。
- 「間違えた人、間に合わなかった人は座ること」というルールを追加すると、さらに緊張感が増します。
- 「3人とくっつけよう」「4人とくっつけよう」などと人数を増やしていくのもいいでしょう。このときは、5秒以内とします。

グループで競い合うあそび①

28 進化ジャンケン
ジャンケンに勝てば、次の動物に進化！

❶いろいろな動物の動きをする

（4つのコーンを置く）いろいろな動物の動きをしてみましょう。
同じ動物同士でジャンケンを行い、勝ったら進化して、次のコーンへ移動します。はじめはアメーバ。1つ目のコーンで勝てば、アザラシ。2つ目のコーンで勝てば、ウサギ。3つ目のコーンで勝てば、イヌ。4つ目のコーンで勝てば人間になります。
人間になったら舞台の上へのぼり、動物の世界を見渡しましょう。

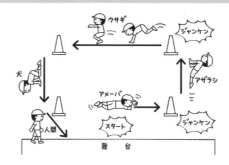

❷動物が少なくなってきたところで終了する

はい、そこまで！
人間になれた人が、たくさんいますね。拍手を送りましょう！

ADVICE！
・全員人間になるまで待っていると、時間がかかりすぎてしまいます。クラスの半分程度の人数が人間になったあたりで切り上げ、終了しましょう。

グループで競い合うあそび②

29 ぼうし取り合いっこ
友だちのぼうしを奪い取れ！

❶ペアでぼうしを取り合う

ぼうしを腰にはさんで取り合いをします。
取ったらぼうしを返して、もう一度勝負します。
まずはペアで、始め！

❷4人でぼうしを取り合う

4人グループで2対2になり、勝負します。
ぼうしを多く取ったほうが勝ちです。

ADVICE！
・「男子VS女子」で行っても盛り上がります。
・ぼうしを返すときに放り投げてしまう子もいます。きちんと手渡しして返すように伝えましょう。

グループで競い合うあそび③

30 グルグルジャンケン
相手の陣地にたどりつけ！

❶グルグルジャンケンをする

近くの人とペアになり、ジャンケンをします。
勝った人は円の内側チーム、負けた人は円の外側チームです。
それぞれ1列に並びましょう。それぞれのチームから1人ずつ円の間を走り、出会ったところでジャンケンをします。
負けたら列の後ろに戻り、次の人がスタートします。
勝ったら先に進みます。相手の陣地にたどりついたほうが勝ちです。

❷教師が勝敗を判定する

さあ、最後のジャンケンです。
（活動後）内側チームの勝ち〜！　拍手！

ADVICE!
- ゴール近くになると、どこまで進めば勝ちになるのか分かりにくくなります。教師が、「あと1人！」というように判定しましょう。
- グルグルの線は、4〜5周程度巻くように描きます。
- 2〜3回戦程度続けて行うといいでしょう。

グループでの表現あそび①

31 エアキャッチボール
空気のボールを投げてみよう！

❶空気のボールでキャッチボールをする

4人グループで輪になって立ちます。
空気の野球ボールを渡すので、グループでキャッチボールをしましょう。

❷空気のボールでドッジボールをする

今度は、空気のボールでドッジボールをします。
勢いよく投げましょう。

ADVICE！
- ほかにも、「ピンポン玉」「ゴルフボール」「サッカーボール」「ボウリングの玉」など、2〜3種類ほどのボールを渡します。
- 活動後、「今、ボールを持っている人？」などと確認します。ボールがなくなっていたり、2つになっていたりするグループがあるため、きちんとボールが1つだけあるグループをほめましょう。

50

グループでの表現あそび②

32 感情ボール回し

感情を次の人へ移しちゃおう！

❶感情のボールを渡す

8人グループで円になりましょう。
先生がある感情のボールを渡すので、渡された人はその感情を表現しましょう。
表現しながら、前へ歩いていき、次の人へ感情のボールを手渡します。
渡された人はその感情を表現して、また次の人へと手渡しましょう。

❷感情のボールを増やしていく

いろいろな感情のボールをどんどん増やしていきます。
その感情を表現して、同じように次の人へと渡していきましょう。

ADVICE！
・グループの人数は、6〜9人程度がちょうどいいでしょう。クラスを4等分するイメージです。

Chapter 2　グループで行う体育あそび　51

グループで息を合わせるあそび

33 ケンケン列車
友だちとケンケンで進もう！

❶ 4人でケンケン列車を練習する

4人グループになり、前の人の足首をつかんで、ケンケン列車をします。うまく進むことができるでしょうか。練習してみましょう。

❷ ケンケン列車で移動する

そこのラインからこちらのラインまでケンケン列車で移動します。転ばないように移動していきましょう。

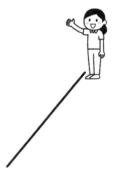

ADVICE!
・「あそこの壁まで競走！」などとするのもいいでしょう。ただし、急ぐと転びやすくなるため、短めの距離で行います。

グループでの陸上あそび①

34 折り返しコーンリレー
コーンを折り返してリレーしよう！

❶折り返しコーンリレーをする

4人グループで、タテ1列に並びます。
1番目の人は手前のコーン、2、3番目の人は真ん中のコーン、
4番目の人は、奥のコーンを回って戻ってきます。
全員できたら座り、「はい！」と手を挙げます。
一番はやく手を挙げたチームが優勝です。

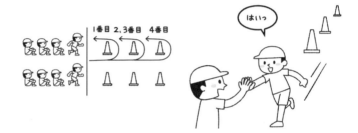

❷自由折り返しコーンリレーをする

今度は、順番はバラバラにして、手前のコーンを1人、
真ん中のコーンを2人、奥のコーンを1人が折り返してきましょう。
作戦タイムをとります。(30秒後) では、始め！

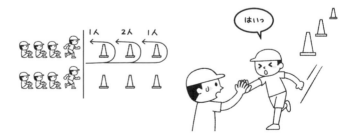

ADVICE！
- 「自由折り返しコーンリレー」は最後まで順位が分からないため、スリル満点で盛り上がります。
- 教師がジャッジしますが、順位の決定が難しいあそびです。ゴールする姿をよく見ておき、「1位！」「2位！」と即時に順位を伝えましょう。

グループでの陸上あそび②

35 ゴムひもジャンプ
ゴムひもをピョンピョンとびこえよう！

❶ゴムひもジャンプをする

3人グループで足ジャンケンをして、負けた1人は両足を伸ばし、両手を広げて座ります。
勝った人は、その広げられた手をゴムひもに見立てて3回とびます。
(活動後)
(パイプ椅子をいくつか置き) いろいろなゴムひもを張っています。
とぶ練習をしてみましょう。

❷2分間でとべた回数を数える

では、これから2分間計ります。
3人グループでそれぞれ何回とべたかを数えましょう。
ひっかかった回数は、数えてはいけません。

ADVICE！
- パイプ椅子に、たくさんのゴムひもを張ります。十字にしたり、2本連続にしてみたりして、難易度の高いものも用意すれば、子どもの意欲が増します。
- ゴムひもジャンプにオニごっこを合わせると、たくさんのゴムひもをこえさせることができます。Chapter 5 (p.106〜115) で紹介するいろいろなオニごっこあそびと組み合わせてみるといいでしょう。

54

グループでの陸上あそび③

36 ハードルあそび
リズムよくハードルをとびこそう！

❶ 足の裏が見えるようにジャンプする

ペアで足ジャンケンをして、勝った人はハードルをこえます。
負けた人は、勝った人の足の裏を見ましょう。

❷ リズムよく2つハードルをこえる

4人グループになり、2つのハードルを同じ足でふみきってこえましょう。
リズムよくジャンプするのがポイントです。

ADVICE!
・ハードルの高さは、もっとも低い位置から始めるようにします。
・「トトトーン」というリズムでとびこせるように声かけしましょう。

Chapter 2　グループで行う体育あそび　55

集団行動あそび①

37 行進あそび
行進の足をそろえよう！

❶音をそろえる

先生の「1、2の3、はい」の合図で、拍手をします。音をそろえましょう。
先生がもう一度、「1、2の3、はい」と言ったら、次は右足で「ドン！」とふみます。その足の音をそろえましょう。

❷足の動きをそろえる

今度は、「足ぶみー、始め！」の号令で右足をふみます。合わせられるかな？
さらに次は、「足ぶみー、始め！」の号令で歩き続けます。

ADVICE！
- この順番で行えば、全員の行進の足がそろいます。後は、姿勢をまっすぐにして手を大きくふるなど、細かな動きを指導しましょう。

集団行動あそび②

38 タッチ集合
タッチしてから集合しよう！

❶ 友だちをタッチする

友だちの背中をタッチします。
3回タッチできたら、集合しましょう。

❷ 指示されたものをタッチする

今度は、先生が指示したもの（例：先生、遊具、壁）にタッチします。
タッチできたら、円の中に集合しましょう。

ADVICE！
・円は、体育館ではバスケットボールのコートの線を使います。運動場では、先に白線を引いておくようにしましょう。
・あそびの合間に取り入れると、すばやく楽しく集合することができます。

Chapter 2　グループで行う体育あそび　57

集団行動あそび③

39 触れ合い集合
たくさんの友だちと触れ合おう！

❶握手して集合する

友だちと握手します。
3人と握手できたら、集合しましょう。

❷指示された挨拶をして集合する

先生が指示した挨拶（ハイタッチ、グータッチ、指タッチ、正座挨拶）をします。3人とできたら、集合しましょう。

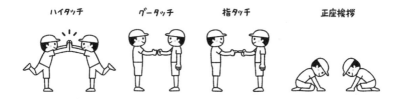

ADVICE！　・だれとやればいいのか分からず困っている子には、「先生とやろう！」「あの子とやってごらん」などと声をかけるようにしましょう。

集団行動あそび④

40 目つぶり回転
目を閉じて、右向け右!

❶指示に合わせて回転する

（「回れ右、右向け右」を覚えた後）目を閉じましょう。
閉じたまま、先生に言われた通りに動きます。
回れ右。右向け右。左向け左。回れ右。

❷正確に回転できたかを確認する

それでは、目を開けましょう。
今、前を向いている人は正しく回転できた人です。

ADVICE!
- 少しずつテンポを上げていくようにするといいでしょう。
- 「先生が『船長さんが言いました』と言った後の指示だけ動きましょう」などとルールを追加すると、難易度が上がり、子どもたちもさらに集中して取り組みます。

Chapter 2　グループで行う体育あそび　59

Column 3

体育科指導をどこから見るか

　ある研究会で、体育科の授業ビデオを見てもらったときのことです。

　先輩教師から、こう指摘されました。

「もっと子どもを見ないといけないよ。ほら、この場面……教師が子どもをきちんと見ていないから、子どもの集中力が落ちているんだよ」

　その助言をいただいてから、子ども全員を見ることができるよう努めてきました。

　しかし、どうもうまく見ることができません。

　そこで「そもそも、物理的に見ることができていないのではないか?」と考え、人間の視野角について調べてみました。人間の視野角は、おおむね以下の通りです。

　　200度:人間の最大視野角

　　120度:物を両目で立体的に確認できる角度

　　90度:迅速に安定して見ることができる角度

　　70度:両目で色彩まで確認できる角度

　　30度:情報受容能力に優れる角度

　立体的かつ迅速に安定して見ることができるのはおよそ90度。つまり、教師から見て90度の範囲であれば、子どもが何をしているのか把握することができるといえます。

　教師が体育館の前方に立って子どもたちのほうを向くと、約160度の範囲に子どもたちがいます。160 − 90 = 70で、約70度の子どもたちを見落としていることになります。

　教師が体育館の中央に立って子どもたちを見ようとすると、360度の範囲に子どもたちがいます。360 − 90 = 270で、何と270度の子どもたちを見落としていることになるのです。

　体育館の角に立てば、約90度の範囲に子どもたちがいます。迅速に安定して見ることができる角度の中に、ほぼ全員の子どもが入ることになります。

　つまり、子どもたちの活動の様子を把握するためには、前方や中央よりも、角が適していると分かります。

　以上のことを学んでから、授業中の立ち位置を意識するようになりました。

　そうしていると、子ども1人ひとりの様子がよく見えるようになってきました。

　体育科の指導をするときは、子どもたちが自分の視野に入るよう、立ち位置に気を付けるようにしましょう。

Chapter

3

場や器具を使った
体育あそび

運動場や体育館に
設置されている施設や
体育用具など、
場や器具を使った体育あそびです。

風船あそび①

41 風船たたき
風船を落とさず、たたき続けよう！

❶回数で勝負をする

4人グループになりましょう。グループに1つずつ風船を渡します。風船を落とさずに何回たたき上げられるか数えましょう。

❷いろいろなたたき方をする

【たたき方1】4人グループで風船を落とさないようにたたき上げます。風船をたたくとき、名前を言いましょう。名前を呼ばれた人がたたきます。
【たたき方2】4人グループのメンバーに1〜4の番号を付けます。風船をたたくとき、番号を言いましょう。番号を呼ばれた人がたたきます。
【たたき方3】4人グループで手をつなぎ、風船を落とさずに何回たたき上げられるか数えましょう。

【たたき方1】　【たたき方2】　【たたき方3】

ADVICE！
・風船は、軽くて大きいものが適しています。風船は体育の授業前に、あらかじめふくらませておき、体育倉庫にしまっておくとスムーズです。

風船あそび②

42 風船はさみ競争
風船をはさんで走り出そう！

❶風船はさみを練習する

4人グループになり、メンバー全員の右手で風船をはさみます。そのまま風船を落とさないようにしながら走ります。

❷風船はさみ競争をする

風船をはさみながら走り、コーンを折り返して戻ってきましょう。一番はやいチームが優勝です。

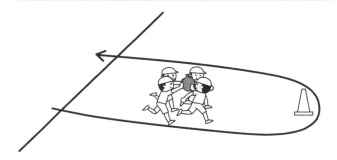

ADVICE！
- 頭と頭、背中と背中、胸と胸などではさんでもいいでしょう。
- 風船をたたき上げながら競争するのも盛り上がります。
- メンバー同士が手をつないで風船をたたきながら競争すれば、さらに触れ合いが生まれます。ただし、移動に時間がかかるので、短めの距離で行いましょう。

Chapter 3　場や器具を使った体育あそび　63

新聞あそび①

43 新聞あそび
新聞でいろいろなあそびをしよう！

❶新聞マネっこをする

4人グループになって、1人が新聞を持って動かし、ほかの人は、新聞のマネをしましょう。

❷新聞たたみをする

グループ全員で広げた新聞の上にのり、相手チームとジャンケンをします。
負けたら、その都度、1回ずつ折りたたんでいきます。
1人でも新聞からはみ出したら負けです。

ADVICE！　・「新聞マネっこ」は、教師がいろいろな動きの見本をやって見せてから、グループの活動へ移るようにするといいでしょう。

新聞あそび②

44 新聞ボール
新聞でボールをコントロール！

❶新聞キャッチボールをする

4人グループになり、1人がボールを投げて、3人が新聞でキャッチします。

❷新聞ボール運びをする

新聞の上にボールをのせて走り、コーンで折り返して戻ってきましょう。

ADVICE！
・「新聞ボール運び」は、クラス全体を2グループに分けてリレー形式にするのも盛り上がります。

フラフープあそび①

45 フラフープ回し
いろいろなところでフラフープを回そう！

❶フラフープ回しをする

ペアになり、ジャンケンをして勝った人がフラフープを取りにいきます。
1個のフラフープをおなかで回し、5回転で交替します。
できる人は、首や膝などいろいろなところで回してみましょう。

　　　　　首　　　　　　　おなか　　　　　　　膝

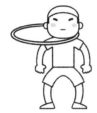  

❷フラフープくぐりをする

1人がフラフープを投げます。もう1人はそれを走ってくぐります。
1回ずつ交替で行いましょう。

ADVICE！
- フラフープを回すときは、円ではなく、前後に動かすようにします。
- 上手にくぐれるようにするためには、前へ投げながら手前に引くようにして、後ろ向きに回転をかけるといいでしょう。

フラフープあそび②

46 フラフープ移動
体をグネグネ動かして、くぐり抜けよう！

❶フラフープ移動を練習する

4人グループで手をつなぎ、腕にフラフープを通して移動させていきます。
1周したら、その場に座ります。練習してみましょう。

❷チームで競争する

グループ対抗で競争をします。
1周できたグループから座っていきましょう。
（活動後）1位のチームに拍手！

ADVICE！
- フラフープを動かすのではなく、人が動くようにしていくのがはやく進めるコツです。
- 「1分間で何周できるかチャレンジ」など、制限時間を設けて行うのも盛り上がります。

Chapter 3　場や器具を使った体育あそび　67

マットあそび①

シンクロゆりかご
1、2、3で息を合わせてゆりかごジャンプ！

❶ゆりかごからジャンプをする

4人グループでマットに座ります。
【ゆりかご1】まずは、三角座りで倒れて起き上がります。
【ゆりかご2】次に、手を離します。
【ゆりかご3】今度はもう少し反動をつけて立ち上がり、手を前へ出し、ジャンプしましょう。

【ゆりかご1】　　【ゆりかご2】　　【ゆりかご3】

❷シンクロゆりかごをする

4人グループで、ゆりかごの動きを3回そろえます。
3回目でジャンプして、空中でハイタッチしましょう。

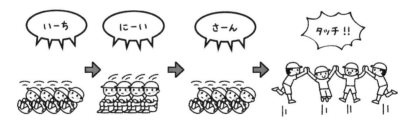

ADVICE!　・練習した後、2グループずつ順番に発表する時間をとるといいでしょう。

68

マットあそび②

48 マット引き競争
自分の陣地までマットを引っぱり込もう！

❶準備して、チーム分けをする

体育館の中央に、マットを並べましょう。
（準備後）近くの人とジャンケンをします。
負けた人は右、勝った人は左へ移動しましょう。

❷自陣にマットを引き込む

中央に置かれているマットを、それぞれの足元の線まで引っぱります。
マットを多く引っぱり込めたチームが勝ちです。
ただし、マットの上にのるのは反則です。それでは、用意、始め！

ADVICE !
- マットの枚数が少なくなると、少ないマットに多くの子どもが集結して危険なことがあります。様子を見ながらはやめに終わりの合図をかけましょう。
- チームは、「教室の窓側半分 VS 廊下側半分」や「給食当番のAグループ VS Bグループ」など、盛り上がりそうなチーム分けにするといいでしょう。

Chapter 3　場や器具を使った体育あそび

鉄棒あそび①

49 鉄棒ジャンケン
鉄棒にぶらさがって、ジャンケンポン！

❶ぶたの丸焼きでジャンケンをする

1つの鉄棒の前に2列で並びます。
ぶたの丸焼きをしながら、片手を離してジャンケンをします。
負けたら、次の人と交替しましょう。

❷いろいろな鉄棒ジャンケンをする

次は、違うかたち（例：こうもりジャンケン、ふとんほしジャンケン）でジャンケンをしましょう。

こうもりジャンケン　　　　　　ふとんほしジャンケン

ADVICE！　・片手を離すのをこわがる子は、口で言ってジャンケンをするのでもいいことにします。

鉄棒あそび②

50 鉄棒ふりおり競争
鉄棒から遠くへとびおりよう！

❶鉄棒でふりおりをする

鉄棒でふりおりをしましょう。
体を3回ふり、鉄棒を手で押しております。

❷鉄棒ふりおり競争をする

4人グループになって、グループごとに勝負をしてみましょう。
自分がとび終わった後、着地点に線を引きます。
だれが一番遠くまでとぶことができるか競争です。

ADVICE！ ・遠くまでとべている子を見本として見せるといいでしょう。体のふり方や、手の押し出し方に注目させるようにします。

Chapter 3　場や器具を使った体育あそび

跳び箱あそび①

51 跳び箱とびおり

跳び箱から、いろいろなポーズでとびおりよう!

❶跳び箱のとびのり・とびおりをする

(7〜8台の跳び箱を用意)
跳び箱に助走をつけてとびのります。
そして、大きく手をふり、とびおりましょう。

❷いろいろなポーズでとびおりる

いろいろなポーズでとびおりましょう。

| パー | ひねり | 手たたき | 体反らせ | ボール | キック |

ADVICE!
- とびのるのをこわがる子は、跳び箱に手をついてのってもいいことにします。
- ロイター板をけるときは、手は下から上へとふり上げるようにします。
- 次の人は、前の人が終わってマットを出てから、出発します。衝突に気を付けましょう。

跳び箱あそび②

52 跳び箱ドッジボール
跳び箱の後ろに隠れてドッジボール！

❶跳び箱の置き場所を考える

ドッジボールをします。ただし、ただのドッジボールではありません。「跳び箱ドッジボール」です。コートの各サイドの中に、跳び箱を3つずつ置きます。置き場所は、どこでもかまいません。では、チームで跳び箱を運び、置き場所を決めましょう。

❷跳び箱ドッジボールをする

置いた跳び箱の後ろに隠れましょう。
準備はいいですか？
それでは、跳び箱ドッジボール、始め！

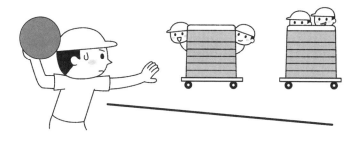

ADVICE!
- ゲームの最中に跳び箱を動かしてはいけません。
- 跳び箱の上にのるのはたいへん危険です。厳禁としましょう。
- 2回戦を行う際は、跳び箱の置き場所を決め直させるといいでしょう。

Chapter 3　場や器具を使った体育あそび

平均台あそび

平均台渡り
落ちないように、渡り切ろう！

❶いろいろな渡り方をする

 平均台を4台用意しましょう。
（用意後）4つのグループに分かれて平均台の前に並んで座ります。
まずは、後ろ向き渡りをしてみましょう。
次に、しゃがみ渡りをしてみましょう。

❷平均台の上ですれちがう

 平均台の両側に分かれて座りましょう。
それぞれスタートして、すれちがいます。
どちらも落ちずに渡りきることができれば成功です。

ADVICE!
- すれちがいながら渡るには、手をつないだり、上下に分かれたりするなどの工夫が必要です。ここで子どもたち同士の触れ合いが生まれます。
- 出会った場所でジャンケンをするのも盛り上がります。勝った人が進み、反対側までたどり着いたチームが勝利です。

なわとびあそび①

54 短なわ2人とび（縦向き）
前後に並んでピョンピョンピョン！

❶向かい合ってとぶ

ペアで1つのなわとびをとびます。
まずは、向かい合ってとびましょう。
それができたら、なわを持っていないほうの人は後ろ向きでとびましょう。
次に、背中側でとんでみましょう。できたら、背中合わせでとびましょう。

❷なわから出たり入ったりする

前から入って出た後、後ろから入ります。
グルグル周りを回るように続けて飛んでみましょう。

ADVICE!　・慣れてくると、その場でとびながら前向きになったり、後ろ向きになったりして、クルクル回転することもできるようになります。

なわとびあそび②

55 短なわ2人とび（横向き）
となりに並んでピョンピョンピョン！

❶横並びでとぶ

ペアで1つのなわとびをとびます。
横に並んで、前とび、後ろとび、前とびと後ろとび、横とびを行いましょう。

前とび　　　後ろとび　　　前とびと後ろとび　　　横とび

❷途中からなわに入る

1人がなわとびを回して、もう1人だけがとびます。
次に、もう1人が後から入ってとびましょう。
さらに、2人同時に入ってとびましょう。

【1人が後から入る】　　　【2人同時に入る】

 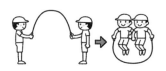

ADVICE!
- 慣れてくると、なわに「入る、出る」を繰り返せるようになります。
- 「短なわ2人とび（縦向き）」（あそび54）のとび方と混ぜ合わせて、オリジナルのとび方を考案させるのもいいでしょう。

なわとびあそび③

56 長なわピョンピョン
長いなわをリズムよくとぼう!

❶長なわをとびこえる

小波と大波をします。
なわに当たらないようにとびこえましょう。

小波

大波

❷いろいろな長なわとびをする

次に、走り抜けをしましょう。
さらに、8の字とびをします。

【走り抜け】

【8の字とび】

ADVICE! ・「8の字とび」では、なわが地面についたときに走り出すようにすると、タイミングが合います。はじめは、教師が片手で背中を押して、タイミングを覚えられるようにするといいでしょう。

Chapter 3　場や器具を使った体育あそび

施設あそび①

57 肋木のぼり
肋木につかまって移動しよう！

❶肋木タッチをする

肋木の前に4人グループで並びましょう。
先頭の人が肋木にのぼり、てっぺんにタッチします。
タッチをしたら、次の人と交替します。

❷肋木渡りをする

次に、肋木の右側に並びましょう。
先頭の人から順番に肋木にのぼり、左の端まで移動します。
上や下から、前の人を抜かしてもOKです。

ADVICE！
- 肋木にのぼるのをこわがる子は、のぼれるところまででよしとします。
- 慣れないうちは、肋木の下にマットを敷くようにしましょう。
- 左右2チームに分かれてジャンケンをして、「相手陣地まで先にたどりついたほうの勝ち」というチーム戦にするのもいいでしょう。

施設あそび②

58 ロープあそび
ロープにつかまり、ブーラブラ！

❶ロープジャンケンをする

4人グループで、ロープの前へ並びます。
先頭の人がロープにつかまり、次の人とジャンケンをします。
負けたら、その人と交替します。勝ったら、その次の人とジャンケンをします。

❷ターザンをする

ロープにつかまり、ゆれて戻ってきましょう。
できる人は、壁をけってみましょう。
元いたマットの上にちゃんと帰ってこられるかな？

ADVICE!
- 「ロープジャンケン」では、勝ったら少し上へのぼるルールを加えると、スリルが増します。
- 「ターザン」では、できるグループには、少しずつ後方へマットを移動させるように伝えます。ロープを大きくふらないと帰ってこられないので、難易度が上がります。
- 助走をつけてからロープにつかまるようにすれば、ゆれが大きくなります。

Chapter 3　場や器具を使った体育あそび

施設あそび③

59 うんていジャンケン

うんていにぶらさがって、勢いよく進もう！

❶うんていをする

左右に分かれて、うんていをしましょう。
真ん中までたどり着いたら、下へおります。
まずは、できるところまで進んでみましょう。

❷うんていジャンケンをする

次に、うんていでジャンケンをします。
手を離すと落ちてしまうので、足ジャンケンをします。
負けた人はおりて、勝った人は進みます。
先に相手の陣地までたどり着いたほうの勝ちです。

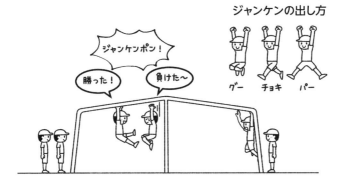

ADVICE!
- 事前に1つとばしで進んでいくやり方を紹介しておきましょう。
- 棒をつかんでゆれるので、鉄棒の準備運動としても効果的です。

施設あそび④

60 のぼり棒あそび
のぼり棒から落ちないように気を付けよう！

❶いろいろなつかまり方を身につける

のぼり棒でいろいろなつかまり方をしてみましょう。

あめんぼ　　ぶらさがり　　さかさあめんぼ　　やじろべえ　　さかさぶらさがり

  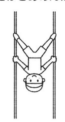  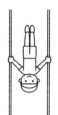

❷のぼり棒ジャンケンをする

のぼり棒でジャンケンをします。
負けたら、次の人と交替します。

ADVICE!　・のぼり棒では、腕より足の動きが重要です。両足で棒をはさみ込むようにすると安定します。

Chapter 3　場や器具を使った体育あそび　81

COLUMN 4

雨の日の教室あそび

体育をする日に、雨になってしまうことがあります。

せっかくの体育が中止です。

「えぇ〜、体育が中止かあ」

「いやだなあ、体育したかったな〜」

そんな子どもたちの悲しみを払拭するために、教室で体育をやってみましょう。

「今日は、雨だから体育は中止です。でもちょっとだけ、教室で体育をやろうか」

残念がっていた子どもたちも、「やったー！」と喜びの声をあげることでしょう。

ただし、大きく動き回るあそびは危険です。

教室には、机や椅子があるからです。

その場で小さな動きでできる、以下のような運動が適しています。

①おしり浮かせ（手が外側）

「椅子に座ったまま、両手を足の外側につき、おしりを浮かせます。
10 秒浮かせてみましょう」

②おしり浮かせ（手が内側）

「今度は、足を少し開げて内側に手をつきます。おしりを浮かせましょう」

③手のグーパー

「腕をまっすぐ前へ伸ばし、手をグーパーします。50 回、始め！」

④開いてくぐって！（あそび⓴）

⑤押し合いへし合い（あそび❶）

⑥シェルパーウォーク（あそび❿）

⑦条件オニ（あそび85）

⑧新聞あそび（あそび43）

風船が教室にあるなら、班に1つ風船を配り、「風船たたき」（あそび41）をするのもおもしろいです（窓を閉めて行いましょう）。

このように、教室でも、簡単な運動を楽しむことができます。

くれぐれもケガをすることがないように、教師が全体へしっかり目を配りながら行うようにしましょう。

Chapter
4

ボールを使った
体育あそび

ボールを
投げたり、運んだり、
けったり、はじいたりする
体育あそびです。

ボールを投げるあそび①

61 ボールキャッチ
ボールをいろいろなところでキャッチしよう！

❶ボール投げキャッチをする

ボールを投げている間に手をたたきましょう。
はじめは1回。できれば2回。
何回たたくことができるかな？

❷いろいろな方法でボールをキャッチする

【キャッチ1】 ボールを投げている間に1回転します。
【キャッチ2】 背中側でキャッチします。
【キャッチ3】 頭、肩、膝をさわってからキャッチします。

ADVICE!
- ほかにも、次のようなキャッチの方法があります。
 (例)「投げ上げて、一番高いところでキャッチ」「地面にたたきつけて、高く弾んだところをキャッチ」「ボールが上がっている間に、地面をさわってキャッチ」「自分で遠くに投げたボールを、走ってキャッチ」「バウンドさせている間に、友だちとボールを入れ替える」

ボールを投げるあそび②

62 ボールパス
ボールを遠くへパスしよう！

❶ペアでいろいろなパス回しをする

【パス1】　ころがしてパスをしましょう。
【パス2】　下からふわっと投げてパスしましょう。
【パス3】　両足をそろえて投げてパスしましょう。

【パス1】　　　【パス2】　　　【パス3】

❷ペアでいろいろな片手投げパスをする

【片手投げ1】　両足を前後に開いて投げましょう。
【片手投げ2】　後ろから前へ体重移動をしながら投げましょう。
【片手投げ3】　ワンバウンドで投げましょう。
【片手投げ4】　山なりに投げましょう。

【片手投げ1】　【片手投げ2】　　【片手投げ3】　　【片手投げ4】

ADVICE! ・ペアで十分にできるようになったら、グループでも練習するといいでしょう。

Chapter 4　ボールを使った体育あそび　85

ボールを投げるあそび③

63 パス回し
グループでパスを回そう！

❶ いろいろな列パスをする

4人グループになり、2人ずつ向かい合って並びましょう。
交互にパスを回します。
【パス1】　キャッチパスをします。すれちがいながら手渡しましょう。
【パス2】　チェストパスをします。胸から胸へと送り出しましょう。
【パス3】　バウンドパスをします。1回バウンドさせてパスしましょう。

【パス1】　　　　　　　【パス2】　　　　　　【パス3】

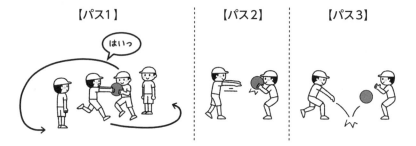

❷ 三角パスをする

9人グループになり、3人ずつに分かれ、三角形に並びましょう。
右側の人にパスを回します。
回したら、回した相手の列の後ろに並び直します。

ADVICE！　・4か所に分かれて、四角パスも可能です。

ボールを投げるあそび④

64 トンネルくぐり
友だちに当てないようにころがそう!

❶トンネルくぐりをする

4人グループで足ジャンケンをします。
負けた3人は、手足を床につけて、トンネルをつくります。
ジャンケンで勝った人は、そのトンネルにボールをころがします。
人に当てずにころがせたら、次の人と交替しましょう。
当たってしまったら、やり直しです。

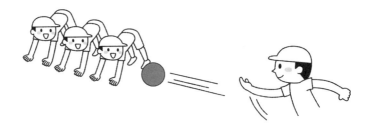

❷ブリッジくぐりをする

次に、ブリッジをして同様に行います。
人に当てないようにころがせたら、次の人と交替しましょう。

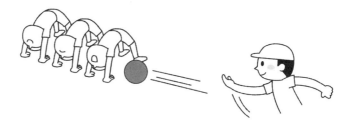

ADVICE!　・ブリッジでの片足上げや横向き支持など、グループでポーズを決めるようにするといいでしょう。

Chapter 4　ボールを使った体育あそび　87

ボールを投げるあそび⑤

65 ないしょドッジボール
だれが不死身？　だれが王様？

❶不死身ドッジボールをする

各チームで3人不死身の人を決めてドッジボールをします。
その人たちは、何回当てられても不死身です。

❷王様ドッジボールをする

各チームで1人王様を決めてドッジボールをします。
自分のチームの王様がボールに当たらないように守りましょう。
王様が当てられたら、負けです。

ADVICE！
・ドッジボールの苦手な子も、王様になれば活躍することができます。
・「相手にバレないように選ぶんだよ」と声かけしましょう。

ボールを投げるあそび⑥

66 ハンデドッジボール
ハンデをつけてドッジボール！

❶玉もちドッジボールをする

普段行うドッジボールで、3人以上当てている人は立ちましょう。
あなたたちは、ドッジボールがとても上手なので、ハンデが必要です。
両手に1つずつ赤玉を持ってドッジボールをしましょう。
この赤玉を放してしまうとアウトです。

❷フラフープドッジボールをする

次のハンデは、フラフープの中だけで動くことができるというものです。
移動するときは、フラフープを持っていかなければなりません。

ADVICE！
・ほかにも、次のようなハンデドッジボールがあります。
　（例）「マットドッジボール（コート内に3枚のマットを敷き、上手な人は、
　　　そのマットの上だけしか移動できない）」「浮き島ドッジボール（長な
　　　わで円をつくり、上手な人は、その円の中だけしか移動できない）」

Chapter 4　ボールを使った体育あそび　89

ボールを投げるあそび⑦

67 とりかご
取られないようにパスを回そう！

❶とりかごをする

4人グループでジャンケンをして、負けた人はオニになり、中央へ移動します。ほかの3人は、オニを中心に三角形の位置に立ち、ボールをパスしていきます。オニにボールをさわられたら、投げた人はオニを交替します。

❷ワンバウンドパスでとりかごをする

次に、ボールをワンバウンドさせてパスし、同様に行います。オニにボールをさわられたら、交替します。

ADVICE!
- ずっと同じ子がオニになり続けてしまうことがあります。「10回やっても取れなければ交替する」などのルールを設けるのもいいでしょう。
- パスをけって回すようにすれば、サッカーの感覚を養えます。

ボールを投げるあそび⑧

68 1分間シュート

限られた時間の中で、たくさんシュートを入れよう！

❶シュート練習をする

各バスケットゴールの前へ、それぞれ1列に並びましょう。
シュート練習をします。

❷2分間、シュートし続ける

どんどん入れ替わりながら、シュートをしていきます。
2分間でシュートを何本入れられるか数えます。
一番本数の多い列が勝ちです。

Advice！
- 時間を計る場合は、1〜3分間が適切です。あそびに慣れないうちは3分間で行い、全体的にシュートがよく入るようになってきたら、1分間まで短縮していくようにするといいでしょう。
- 「シュートを入れた本数の多い順に並び直しましょう」と指示をして、記録をとっておけば、次のチーム分けのための資料にすることもできます。

Chapter 4 ボールを使った体育あそび

ボールを投げるあそび ⑨

69 ころがりコーン当て
ボールをころがして当ててみよう！

❶ ころがりコーン当てをする

コーンを5つずつ並べていき、一番近いコーンから、順番にボールをころがして当てていきます。
当てたら、次のコーンに当てましょう。

❷ できた子は2周目へ進む

最終コーンまでたどりつけた人は、並び直して2周目に挑戦しましょう。

ADVICE！
- 失敗したボールは、自分で取りにいくように指示しましょう。
- 「けって当てる」ようにすれば、サッカーの感覚を養えます。

ボールをけるあそび①

70 タッチ＆ジャンプ
ボールをさわってとびこえよう！

❶ボールタッチをする

【タッチ1】　足の裏でボールの上を 10 回タッチします。
【タッチ2】　足の裏でボールの横を 10 回タッチします。
【タッチ3】　ボールにタッチしながら、ボールの周りを 3 周します。

【タッチ1】　　　　　【タッチ2】　　　　　【タッチ3】

❷ボールジャンプをする

【ジャンプ1】　ボールの前後を 5 回とびこえます。
【ジャンプ2】　ボールを足の間にはさんで 5 回とびます。
【ジャンプ3】　ボールを足ではさんで上にあげ、手でキャッチします。

【ジャンプ1】　　　　【ジャンプ2】　　　　【ジャンプ3】

ADVICE！　・ボールタッチは、周りに目を配りながら動くように声かけするといいでしょう。

ボールをけるあそび②

ボールトラップ
ボールをピタッと止められるか!?

❶指定したところでボールを止める

ペアでボールをけってパスします。
そのとき、先生に言われたところを使ってボールを止めましょう。

❷ペアで言い合って止める

次に、パスするときに、止めるところを言いながらけります。
止める人は、言われたところでボールを止めましょう。

ADVICE!
- 止めるところは、右足、左足、右膝、かかと、おなか、頭などがあります。
- うまく止めるためには、ける人のコントロールも大切になります。「相手が止めやすいようにけるんだよ」と声かけをしましょう。

ボールをけるあそび③

72 コーン倒し
コーンをすばやく倒せるか！？

❶手でコーン倒し対戦をする

コーンが20個置いてあります。
AチームとBチームに分かれます。
Aチームは、コーンを倒します。Bチームは、倒れたコーンを起こします。
1分間計ります。そのときの、倒れている数と起きている数で勝負します。

❷ボールをけってコーン倒し対戦をする

今度は、ボールをキックしてコーンを倒しましょう。
ルールは、さっきと同じです。

ADVICE！
・コーンの数は、学級半分の人数＋3個くらいが適しています。
・だれがどのコーンを倒すのか、あらかじめ役割を決めさせておくとはやいです。作戦タイムを設けるといいでしょう。

ボールをけるあそび④

73 遠くから入れられるかな
遠いところからキック＆シュート！

❶ハードルに向かってシュートする

4人グループになり、線の前に1列ずつ並びましょう。
その線からハードルに向かってシュートします。
ハードルの間にボールが通れば1点です。
3分間で、何点とれるかチャレンジしましょう。

❷距離によって得点に差をつける

1人ずつボールをけって、ハードルにボールを入れます。
3本の線のうち、1本目から入れると1点、
2本目から入れると2点、3本目から入れると3点です。
3分間で、何点とれるかチャレンジしましょう。

ADVICE!
- 線は、運動場のトラックを使うと便利です。
- 1チームにボールを2つずつ渡します。お互いに譲り合いながら使うように指示します。
- サイド（足の内側の側面）でけると、コントロールしやすくなります。

ボールをけるあそび⑤

74 ハードルサッカー
ハードルに向かって、シュート！

❶ ハードルサッカーをする

4人グループになり、ハードルを1つ持ってきましょう。2人ずつのチームに分かれ、まずはジャンケンをして勝ったチームのボールになります。
サッカーのようにボールの取り合いをして、ハードルに向けてシュートします。ハードルの間をボールが通れば1点です。

❷ どこでもハードルサッカーをする

次に、運動場の中央に1列にハードルを並べます。
2人対2人でボールの取り合いをして、ハードルに向けてシュートします。
どのハードルに入れても得点になります。多く入れたほうが勝ちです。

ADVICE！
- ハードルのどちらの側から入れても得点になります。
- ゴールが決まっても、そこで終わらず、引き続き行います。2チームで取り組むため、ボール運動が苦手な子でも、ずっとボールを追いかけることができます。

ボールを運ぶあそび①

75 ボール取りオニごっこ
ボールをけり出されないように逃げ回ろう！

❶ボールをけり出されないようドリブルで逃げる

ボール取りオニごっこをします。コートの中をドリブルして逃げましょう。オニにボールをコートの外へけり出された人は、ボールをカゴに入れてオニになります。オニは、3人からスタートしていきます。
オニは、ぼうしを赤色にしましょう。　始め！

それっ！　わっ！　よーし、ここからオニだ！

❷ボールが少なくなったら終了する

（ボールが残り3個程度になったら）そこまで！
ボールが残っている人は立ちましょう。
けり出されずに、よくがんばりましたね。拍手～！

残った人に拍手！

ADVICE！
- ドッジボールコートくらいの広さで行うといいでしょう。
- ボールあそびの最後に取り入れると、スムーズに終えることができます。
- バスケットボールで行うことも可能です。ボールをつきながら、ドリブルして逃げます。

98

ボールを運ぶあそび②

76 卵落とし

ボールを片手でキープしよう!

❶ペアで卵落としをする

ペアになり、向かい合います。
それぞれボールを左手で持ち、右手で相手のボールを落とします。
落とされたら、もう一度左手で持ち、繰り返し行います。

❷クラス全員で卵落としをする

クラス全員で卵落としをやります。
落とされたら、左手で持ち、もう一度スタートします。
何人のボールを落とすことができるかな? 始め!

ADVICE!
・活動後は、何人のボールを落とすことができたのか、挙手で確認します。
・運動場で行う場合は、逃げる範囲を制限しましょう。

Chapter 4 ボールを使った体育あそび 99

ボールをはじくあそび①

77 ふわふわボール
ボールをはじいて自分でキャッチ！

❶1人でいろいろな方法でキャッチする

1人1個ずつボールを持ち、
ボールを上へあげていろいろな方法でキャッチしましょう。
【キャッチ1】　両腕を伸ばした上でキャッチします。
【キャッチ2】　両手首ではさむようにしてキャッチします。
【キャッチ3】　そば屋の出前のように片手でキャッチします。
　　　　　　　成功したら、反対の手でもキャッチします。

【キャッチ1】　　　【キャッチ2】　　　【キャッチ3】

❷ペアでいろいろなキャッチをする

ペアで1個ボールを投げ合い、いろいろなキャッチをしましょう。
【頭上キャッチ1】　上手スローをしてキャッチします。
【頭上キャッチ2】　下手スローをしてキャッチします。

【頭上キャッチ1】　　　　　【頭上キャッチ2】

ADVICE！
- 手のひらではなく、指だけでボールに触れる感覚を覚えられるようにします。
- 安定してキャッチできるようになったペアには、アンダーハンドパスとオーバーハンドパスに取り組むようにさせます。

ボールをはじくあそび②

78 バウンドつなぎ
ワンバウンドでボールを送れ！

❶バウンドでボールをつなぐ

4人グループで円をつくり、順番にボールを片手でたたいてバウンドさせます。
1回バウンドしたら、次の人がまたボールをたたきます。
ボールをたたいた人は元の位置へと戻ります。まずは、練習してみましょう。

❷何回つなげられるか数える

それでは、本番です。
何回バウンドでつなげられるか、チャレンジです。
失敗したら、また1から数え直しましょう。

ADVICE! ・慣れていない場合は一度キャッチするようにさせるといいでしょう。キャッチして、ねらいを定めてからたたけば、コントロールしやすくなります。

ボールを打つあそび①

79 紅白玉打ち
紅白玉をかっとばそう！

❶ティーバッティングで紅白の玉を打つ

4人グループで、ティーバッティングを行います。
紅白の玉をティーに置き、バットで玉を打ちましょう。
1回ずつ交替して行います。

❷2分間で打った回数を競う

2分間で何回打てるか、グループ対抗で競争します。
回数が一番多いグループが勝ちです。

ADVICE！
・ティーバッティングの台は、上部に穴が空いているコーンや、旗立ての台でも代用可能です。

ボールを打つあそび②

80 ティーバッティングセンター
友だちのところまでボールをとばそう！

❶順番にバッティングする

4人グループでバッティングをします。
ボールをティーに置き、バットで打ちましょう。
打ったボールをキャッチした人が、次にバッティングします。

❷呼ばれた人がボールをキャッチする

次に、ボールを打ちながら、同じグループの友だちの名前を呼びます。
呼ばれた人はボールをキャッチして、次にバッティングします。

ADVICE!
・ボールを取りたい気持ちが強く、バッティングする子に近づきすぎてしまう子どもがいます。距離に気を付けるよう注意を促しましょう。

COLUMN 5

あったら便利な体育道具

体育あそびをするときには、どんな道具があればいいのでしょう。
あると便利な、おすすめの体育道具を紹介します。

①持ち運び式のホワイトボード
体育館や運動場では、黒板を用意するのが困難な場合があります。持ち運び式のホワイトボードがあれば、めあてを示したいときや、まとめをしたいとき、子どものふりかえりを書きたいときなど、あらゆる場面で使うことができます。

②ホイッスル
全体へ指示を出すときや、静止させ、注目を集める際に使います。
響き渡るので、運動場など、広い場所で効果を発揮します。
持ち運び式の電子ホイッスルもあります。

③リズム太鼓
ホイッスルと同様、指示を出すときに使用します。
太鼓はホイッスルとは違い、音がやさしいので、心をあたためる運動に適しています。追いかける場面でドンドン鳴らせば、BGM としての効果も生み出してくれます。
また、ホイッスルは口がふさがっているので、指示を出すことができませんが、リズム太鼓なら、たたきながら指示を出すことが可能になります。

④ストップウォッチ
制限時間を設けて活動するときに必須の道具です。ホイッスルと一緒に、首からさげておくようにします。腕時計にストップウォッチ機能がついているものがありますので、それを使うのもいいでしょう。

⑤デジタルカメラ
子どもの良い姿を写真に残しておけば、教室でふりかえることができます。また、学級通信などにも活用できます。落下や衝突のおそれがあるため、「耐振動」「防水」のものが適しています。

Chapter

5

オニごっこ
体育あそび

オニごっこあそびには、
主に4つの種類があります。
「こおりオニ」「ふえオニ」
「かわりオニ」「ろうやオニ」。
それぞれの特色を活かしたあそびを
楽しみましょう。

かわりオニあそび①

81 線オニ
線の上を逃げ回ろう！

❶ 線かわりオニをする

オニを10人（クラスの3分の1程度の人数）決めます。
逃げる人が走れるのは、体育館に引かれている線の上だけです。
オニはどこでも自由に走ることができます。
オニにタッチされたらオニを交替します。

❷ 線ふえオニをする

線の上でふえオニをします。
オニは3人から始めましょう。

ADVICE!
- 「線ふえオニ」では、逃げる子が残り4〜5人程度になったところで終了します。

かわりオニあそび②

82 島オニ
島の中を走り回ろう！

❶島オニをする

（地面に白線で島の絵を描く）
逃げる人は、島の中だけを逃げます。
オニは島の中に入れないので、外からタッチします。
オニにタッチされたら交替します。
オニ5人から始めます。

❷逃げられる島を増やす

（地面にさらに島の絵を描く）
何と、新しい島が出現しました！
逃げる人は、新しい島に逃げ込んでもいいですよ。

新しい島ができました

あそこへ逃げよう！

ADVICE! ・島の中にオニが入れる湖をつくるなど、あそびながらいろいろな線を加えていきましょう。

Chapter 5　オニごっこ体育あそび　107

かわりオニあそび③

83 セーフオニ
これをすればセーフになる！

❶かかしオニをする

逃げる人は、片足を上げて、かかしになるとセーフです。
オニはかかしの人をくすぐったりして、両足をつけるようにしましょう。
両足がついたら、つかまえられます。オニにタッチされたら交替します。
オニは、10人（クラスの3分の1程度の人数）です。

❷1人やどオニをする

今度は、フラフープの中に入るとセーフになります。
ほかの人が逃げ込んできたら、前に入っていた人は出なければいけません。
オニにタッチされたら交替します。

ADVICE！

・ほかにも、次のようなセーフオニがあります。
（例）「たかオニ（高いところにいるとタッチされない。タッチされたら交替）」「背中オニ（背中同士を合わせるとオニにつかまらない。つけていられるのは10秒間だけで、タッチされたら交替）」「マットオニ（マットの上はセーフ。ただし、10秒間しかのれない）」

かわりオニあそび④

84 壁算数オニ
壁に背中をつけて逃げ、算数問題に答えよう！

❶壁たし算オニをする

逃げる人は、壁に背中をつけて逃げます。
オニはタッチしたら、算数1桁＋1桁の問題を出します。
3秒以内に答えられなかったり、間違えたりするとアウトです。
オニを交替します。オニは、10人（クラスの3分の1程度の人数）です。

❷壁九九オニをする

今度は、オニはタッチしたら、九九の問題を出します。
3秒以内に答えられなかったり、間違えたりするとアウトです。
オニを交替します。

ADVICE！
- 学習内容に応じて、算数などの問題を出題させるようにします。
- 高学年では、「指定された詩の暗唱をして、間違えたり噛んだりしたらアウト」「社会科で習った人物の名字を言い、下の名前を答えられなければアウト」などとするのもいいでしょう。

かわりオニあそび⑤

85 条件オニ
条件を満たしてセーフになろう！

❶色オニをする

オニを1人決めます。オニは、色の名前を1つ言います。
逃げる人は、その色をさわればセーフです。
タッチされると、オニを交替します。

❷人オニをする

今度は、オニは「サッカーを習っている人」
「髪の毛が長い人」などと人の特徴を言います。
逃げる人は、その人をさわっていればセーフです。

ADVICE!
- オニの声が聞こえなければできないので、体育館などの室内で行いましょう。
- 「色オニ」では、いろいろな色のフラフープを置いておき、指定された色のフラフープの中に入るようにするのもいいでしょう。

ふえオニあそび①

86 川オニ
白線の中を走り抜けよう！

❶川オニをする

（コーンとコーンの間に線を1本引いて川にする）オニは川の中にいます。先生が「川を渡れ」と言ったら川を渡り、反対側へ移動しましょう。
10秒以内に渡れなかったり、オニにタッチされたりしたらオニになります。
まずは、オニ2人から始めましょう。川を、渡れ〜！

❷川を渡る人が少なくなったら終了する

（残っている人が5人くらいになったら）
では、次がラストです。川を、渡れ〜！

ADVICE!
- なかなか渡ろうとしない子がいる場合は、「5、4、3……」とカウントダウンを始めましょう。
- 線の長さは10メートル程度が目安です。クラス全員が横並びになれるくらいの長さにしましょう。

ふえオニあそび②

87 大根抜きオニ
たくさんの大根を引っこ抜こう!

❶大根抜きをする

大根抜きをします。みなさん、円の中に座りましょう。
オニは、円の外から足を引っぱります。
引っぱり出されると、その人もオニになります。
ただし、オニは円の中に足をふみ入れることができません。
まずは、オニ3人から始めましょう。

❷引っぱられなかった人に拍手を送る

(活動後)
そこまで。残っている人に、拍手〜!

ADVICE!
・オニは、線の中に手をつくのはOKとします。
・円の中の子どもが残り5〜6人になったくらいで終了します。

ふえオニあそび③

88 手つなぎオニ
増えて、つながって、追いかけよう！

❶ バナナオニをする

バナナオニをします。手をつないでいくふえオニです。
オニ2人が手をつなぎ、1人タッチをしたら、3人で手をつなぎます。
さらに、もう1人にタッチしたら、2人と2人に分かれます。
オニは、2組からスタートします。

❷ ヘビオニをする

今度は、ヘビオニをします。
オニにタッチされたら、手をつないでどんどんつながっていきます。

ADVICE!
・類似のあそびには、次のようなものがあります。
（例）「なわオニ（2人のオニが、なわの両端を持って追いかけ、つかまえた側のオニが交替。逃げる人は、なわの下や上を通ることはできない）」

Chapter 5　オニごっこ体育あそび　113

こおりオニあそび

89 魔法オニ
友だちに魔法をかけよう！

❶ねずみオニをする

オニにタッチされたらネズミになります。
ネズミは「チューチュー」と鳴きながら、四つん這いで移動しましょう。
仲間にタッチしてもらうと、人間に戻れます。オニは、クラスの半分です。

❷魔法オニをする

オニは、タッチするときに魔法をかけることができます。
「魔法！ ○○になれ」と言われたら、そのものになりきります
（例：ウサギ、サソリ、ミミズ）。
仲間にタッチしてもらうと、人間に戻れます。

ADVICE！
- ネズミオニの後、「ウサギオニ」「サソリオニ」など、いろいろなオニをやってから、魔法オニに取り組むといいでしょう。
- ほかにも、次のようなこおりオニあそびがあります。
  （例）「ぼうし取りオニ（逃げる人は、タッチされたらぼうしを取られ、地面に置かれてしまう。そのまま動くことはできない。仲間にぼうしを頭に戻してもらうと元に戻り、また逃げることができる）」

ろうやオニあそび

90 ろうやオニ
ろうやの仲間を助けよう！

❶ろうやオニをする

クラスの半分がオニ、半分が逃げる人になります。
オニにつかまったら、ろうやに入らなければなりません。
仲間にタッチしてもらったら、再び逃げることができます。

❷3色ろうやオニをする

赤のぼうしの人は白のぼうしの人を追いかけます。
白のぼうしの人は黒（ぼうしなし）の人を追いかけます。
黒（ぼうしなし）の人は赤のぼうしの人を追いかけます。
つかまったらろうやに入り、同じ色の仲間にタッチされたら、
再び逃げることができます。

ADVICE！
- ろうやは、砂場や遊具の中など、区切りの分かりやすい場所がいいでしょう。
- 3色オニは、3クラス合同で体育をするときなどでも行うことができます。
その場合は、運動場のトラックをいっぱいに使って行いましょう。

Chapter 5　オニごっこ体育あそび　115

COLUMN 6

体育で音楽を使うひと工夫

体育あそびは、そのままでも十分楽しいものですが、音楽を流せばよりいっそう盛り上がります。

ゆったり触れ合う体育あそびには、セラピー系の音楽を。競い合うようなあそびには、戦闘系アニメのサウンドトラックなどを流します。

とはいえ、CDデッキを用意するのは、なかなか面倒なものです。

また、あそびのたびに放送器具で再生して、停止して……というのも、どうも現実的ではありません。

そこで便利なのが、「無線マイク」です。

体育館やプールには、たいがい放送用の無線マイクがあります。

何らかの音源を持参して、無線マイクをそれに押し当てるのです。

これだけで、十分なBGMになります。

ただし、音楽を流していると、説明が聞き取りにくくなります。

「音楽が流れている間に活動します。音楽が止まったらストップ。話を聞く姿勢をとりましょう」としておきます。

音楽があれば、授業の雰囲気がガラリと変わります。手間は少しばかりかかりますが、余裕があるときには取り入れてみてはいかがでしょうか。

＊なお、運動場で音楽を流すのは、近所迷惑になる可能性があるのでやめておきましょう。また、音量にはくれぐれも気を付けましょう。

Chapter
6

プールで行う
体育あそび

プールの中で
友だちと触れ合い、
水に慣れ親しむことができる
体育あそびを紹介します。

水慣れあそび①

91 燃えてるよ！
水をたっぷりかけ合おう！

❶水のかけ合いをする

（あらかじめ線の内側の子をA、線の外側の子をBと決めておく）
あっ！　Aの人たちが燃えている！
水をかけて消しましょう！

❷交替する

あっ、今度はBの人たちが燃えている！
水をかけて消しましょう！

ADVICE！
・対象を変えて、いろいろな水かけを行いましょう。
　(例)「男子が燃えている！」「女子が燃えている！」「○組が燃えている！」
　　「○○先生が燃えている！」

水慣れあそび②

92 水中マネっこ
同じ動きを続けよう！

❶教師の動きをマネする

先生がある動きをして、「はい、どうぞ」と言います。
それを見て、マネをしましょう。

❷友だちの動きをマネする

ペアで水中ジャンケンをして、勝った人は、
水中である動きをやってみせます。
終わったら、「はい、どうぞ」と言います。
負けた人は、勝った人の動きをそっくりマネします。

ADVICE!
・教師の動きは、2〜3アクションにとどめます。3パターンほどマネすれば、友だち同士で行うときの動きの参考になります。

Chapter 6　プールで行う体育あそび　119

水慣れあそび③

93 水中版ネコとネズミ
水中で追いかけっこ！

❶ネコとネズミをする

ペアで横に並んで立ちましょう。
右側の人は、手を挙げましょう。あなたたちは、ネコです。
左側の人は、手を挙げましょう。あなたたちは、ネズミです。
「ネコ」と言われたら、ネコがネズミを追いかけます。「ネズミ」と言われたら、ネズミがネコを追いかけます。タッチされたら負けですが、プールサイドもしくは真ん中の線まで逃げ切れたら勝ちです。
それでは、始めます。ネーネーネー……ネズミ！

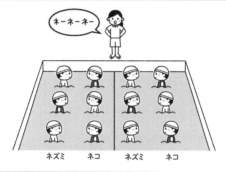

❷2回戦を行う

それでは、2回戦です。ネーネーネー……ネコ！

ADVICE！
・逃げる方向を定めず、「呼ばれた人が、呼ばれなかったほうを追いかける」とするのもおもしろいです。プール全体を使って、追いかけたり、追いかけられたりする楽しさがあります。

水慣れあそび④

94 浮き方いろいろ
体を動かして、いろいろな浮き方をやってみよう！

❶浮き方の練習をする

浮き方には、いろいろな方法があります。ダルマ浮き、クラゲ浮き、大の字浮き、ふし浮きなどです。それぞれ練習してみましょう。

【ダルマ浮き】　【クラゲ浮き】　【大の字浮き】　【ふし浮き】

❷浮くあそびをする

【ダルマしずめ】
となりの人と水中ジャンケン（あそび❾❾）をします。
負けた人は、ダルマ浮きをします。
勝った人は、負けた人を3回しずめます。
【ふし浮き歩き】
もう一度ジャンケンをして、負けた人はふし浮きをします。
勝った人は、負けた人の手を持って、10歩進みます。

【ダルマしずめ】　　　　【ふし浮き歩き】

ADVICE！　・大きく息を吸うと、しっかり浮くことができます。体の力を抜いて、ゆったりと浮くことができるように声かけしましょう。

水慣れあそび⑤

動物歩き
いろいろな動物の動きをマネしよう！

❶動物の動きの練習をする

動物の動きには、いろいろなものがあります。
アヒル（後ろ向きに進む）、カニ（横向きに進む）、
カエル（跳びながら進む）、カバ（口・鼻をつけながら進む）などです。
それぞれ練習してみましょう。

【アヒル】　【カニ】　【カエル】　【カバ】

❷自分の好きな動物になる

自分の好きな動物になりきって、水中で動いてみましょう。

自分の好きな
動物に
なりきります

ADVICE！
・子どもたちのイメージが湧くように、教師は大きく動いて見せるようにします。
・「魔法オニ」（あそび�89）にしても盛り上がります。オニにタッチされると、オニの指定した動物になるのです。オニは、片手を挙げながら進みます。

もぐるあそび①

96 宝探し
もぐって宝を探し出そう！

❶ 宝探しをする

クラス対抗で宝探しをします。小さな石は1点、ボールは5点です。
拾ったら、自分のクラスのところに置かれているバケツの中へ入れましょう。

❷ 2回戦を行う

それでは、2回戦です。
今度は、もっとたくさん宝を拾えるかな？

ADVICE!

- 2回戦をやる場合は、プールに宝を投げ込みながら1回戦の点数を数えるとスムーズです。
- 宝の小さな石が用意できない場合は、ホースで作るといいでしょう。ホームセンターなどで売っているものを小さく刻むと完成です。
- もぐるのに抵抗がある子が多い場合は、ボールを多く浮かべます。ボールなら、もぐらずに見つけられます。ただし、風に流されやすいのですばやくスタートしましょう。

もぐるあそび②

97 もぐりっこ
プールの底で、できるかな?

❶プールの底に膝や手をつける

プールの底に、体のいろいろな部分
(例:膝、両手、おしり、背中、おなか)をつけましょう。

【膝】　　【両手】　　【おしり】　　【背中】　　【おなか】

❷プールの底にサインをする

今度は、プールの底に、指で自分の名前を書きましょう。

ADVICE! ・プールの底に書くのは、「好きな食べもの」「好きな飲み物」「自分の名前をローマ字で」などでもいいでしょう。

もぐるあそび③

98 ブクブク我慢
思いっきり息を吐こう！

❶ ブクブクパーをする

先生が「ブクブク……」と言っている間は、
水中にもぐってブクブク息を吐きます。
先生が「パー！」と言ったら、顔を出して息を吸いましょう。

❷ 10秒間ぴったり数える

今度は、10秒間、水中にもぐってブクブク息を吐きます。
10秒間たったと思ったところで、顔を出しましょう。
先生が「はい！」と言うのとぴったり合えばすばらしいです！

ADVICE！
- 慣れないうちは、5秒、7秒と短い時間から始めます。
- 吐くときは鼻から、吸うときは口から、と使い分けて呼吸するように指導しましょう。

Chapter 6　プールで行う体育あそび

もぐるあそび④

99 水中ジャンケン
水中ジャンケンでいろいろなあそびを楽しもう！

❶トンネルくぐりをする

ペアで水中ジャンケンをします。
負けた人は、勝った人の股の間をくぐりましょう。
できたら、もう一度ジャンケンして続けましょう。

❷水中ジャンケン歩きをする

ペアで水中ジャンケンをします。
負けた人は、マントになって、勝った人の背中に手をかけ、
顔を水につけ、足を伸ばして浮かびます。
勝った人は、マントとともに10歩進みます。
できたら、もう一度ジャンケンして続けましょう。

ADVICE!

・ほかにも、次のような水中ジャンケンあそびがあります。
（例）「水中ジャンケン列車（負けたら相手の肩をつかんで列車になる。いろいろな人と行い、長くつながるようにする）」「水中ジャンケンおんぶ（負けたら相手をおぶって10歩進む）」「水中算数ジャンケン（1〜5の指を出し、先に水中で2人の指の数の合計を指で示した人の勝ち）」「水中あっち向いてホイ（勝ったら、水中であっち向いてホイを行う。30秒間で多く勝てた人の勝ち）」

泳ぐあそび①

100 ビート板競争

ビート板をめぐって、グイグイバシャバシャ！

❶ビート板を取り合う

ペアに1枚ビート板を配ります。
頭だけ使ってペアで取り合いをしましょう。

❷バタ足競争をする

今度は、ビート板をペアの間に置いて、両サイドから2人で持ちます。
同時にバタ足をして、進んだほうの勝ちです。

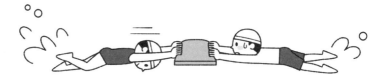

ADVICE!　・「バタ足競争」では、勝った人が負けた人へアドバイスを送るようにすると、バタ足が上手にできるようになります。

Chapter 6　プールで行う体育あそび　127

泳ぐあそび②

101 広げて伸びて
勢いよくけって進もう！

❶バタ足広げをする

バタ足をしながらプールサイドを持ちます。
どんどんバタ足をして、プールを大きく広げましょう。

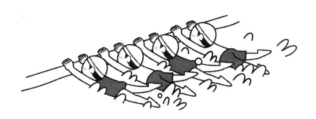

❷潜水競争をする

今度は、潜水をして壁をけり、けのびします。
進めるところまで進みましょう。
止まったところで、立ちます。
どこまで進むことができるか、チャレンジしましょう！

ADVICE!
・バタ足では、足が曲がりすぎないように声かけをします。「ドコドコ……」と低い音が鳴ればOKです。
・潜水競争では、もぐって壁をける動作を丁寧に指導しましょう。

Column 7

水泳の自由時間を、さらにおもしろく

　水泳の授業では、授業の終わりに自由時間をとることがあります。
　自由時間に入るその前にひと工夫を加えてみると、いっそう楽しい自由時間になります。

・リバープール
「プールサイドを持ちましょう。プールの端を、時計回りに歩きます」
(流れが出てきたところで)
「今度は反対側に歩いてみましょう」
　反対に歩くと、最初は水の抵抗でなかなか歩くことができません。
　反対向きにもプールの水がグルグル回り出して、勢いが生まれたところで、自由時間にします。

・大波
「みんなで力を合わせて、波をつくりましょう。
　クラスごとに、足元の線の上へ並びます。
　先生が笛を吹いたら、前へ進みます。
　もう一度笛を吹いたら、今度は後ろに進みます。
　何度も往復して、波をつくりましょう」
教師は波の動きに注目し、波が壁に当たるときに笛を吹きます。
波ができたところで、自由時間にします。

　波や流れがあると、自由時間がさらに楽しいものになります。
　子どもたちは大喜びです。
　時間に余裕があるときに、やってみてはどうでしょうか。

　＊あまりにも勢いのある流れや、大きな波をつくってしまうと危険です。全体
　　の様子を見て、適当なところで自由時間を始めるようにしましょう。

Chapter 6　プールで行う体育あそび　　129

おわりに

　私が新任教師だった頃のこと。
「体育科の授業って、どうすればもっと楽しくなるのだろう？」
と体育科指導に悩んでいた私は、先輩から「体育あそび」について教えて
もらいました。
　教えてもらった「体育あそび」を、メモ用紙に書き留めました。
　メモ用紙は、体育のたびに持ち歩き、すり切れてボロボロになるまで使
い続けました。
　その後は、それらのあそびに自分なりのアレンジを加え、いろいろな「体
育あそび」を見つけ出してきました。
「あのとき自分が使い続けたメモ用紙のような本をつくりたい」
そんな願いを込めて、この本を書きました。
　何よりも、現場ですぐ使えることを目指してつくりました。

「体育嫌いだったうちの子が、『体育が楽しいんだ。勝ち負けがないから、
　体を動かすことが好きになったよ』って言うんです！」
ある保護者からは、そんな言葉をいただきました。

　体育あそびを続けていると、運動が苦手な子どもたちも、体育が大好き
になります。そして、授業を楽しみに待つようになり、体を動かす喜びに気
付くことができます。

　準備体操の一環として。あるいは、楽しい体育科授業の創出のために、
本書をご活用いただければ幸いです。

　　2019 年 9 月

　　　　　　　　　　　　　　　　　　　　　　　　三好真史

著者紹介

三好真史（みよし しんじ）

1986年大阪府生まれ。
大阪教育大学教育学部卒。
堺市立小学校教諭。
小学校時代から大学まで14年間体操競技を続ける。全日本学生体操競技選手権大会「跳馬」準優勝。2011年秋、TV番組「SASUKE」出場。教育サークル「大阪ふくえくぼ」代表。著書に『子どもがつながる！　クラスがまとまる！　学級あそび101』『体育が苦手な教師でも必ずうまくいく！　マット・鉄棒・跳び箱指導の教科書』（ともに学陽書房）などがある。

運動嫌いの子も楽しめる！　体力アップに効果絶大！
体育あそび101

2019年10月16日　　初版発行
2023年 2 月22日　　6 刷発行

著者	三好真史
装幀	スタジオダンク
本文デザイン・DTP制作	スタジオトラミーケ
イラスト	榎本はいほ
発行者	佐久間重嘉
発行所	株式会社 学陽書房

東京都千代田区飯田橋 1-9-3　〒102-0072
営業部　TEL03-3261-1111　FAX03-5211-3300
編集部　TEL03-3261-1112　FAX03-5211-3301
http://www.gakuyo.co.jp/

印刷	加藤文明社
製本	東京美術紙工

©Shinji Miyoshi 2019, Printed in Japan
ISBN978-4-313-65380-1　C0037

乱丁・落丁本は、送料小社負担にてお取り替えいたします。
定価はカバーに表示してあります。

JCOPY <出版者著作権管理機構 委託出版物>

本書の無断複製は著作権法上での例外を除き禁じられています。複製される場合は、そのつど事前に、出版者著作権管理機構（電話03-5244-5088、FAX 03-5244-5089、e-mail: info@jcopy.or.jp）の許諾を得てください。

学陽書房の好評既刊！

子どもがつながる！ クラスがまとまる！
学級あそび101

三好真史 著 ◎A5判228頁 定価＝本体1600円＋税

子どもの人間関係力が下がり、クラスをまとめるだけではなく、その結びつきに頭を抱える教師が急増中！ そんな悩みをパッと解消し、準備なしで気軽に教室ですぐに取り組めるカンタン学級あそび集。子ども1人ひとりの距離を縮めながら、自然なつながりを引き出すコミュニケーションあそびが満載です。すべてのあそびが、低・中・高学年に対応！

意見が飛び交う！ 体験から学べる！
道徳あそび101

三好真史 著 ◎A5判132頁 定価＝本体1900円＋税

「特別の教科 道徳」の授業にそのまま取り入れられて、深い学びと成長が引き出せる「道徳あそび」を精選！ 各あそびのねらいは学習指導要領の項目に対応し、無理なく授業に組み込めます。また、あそびを通して子どもが体験的に学べることで、話し合い活動などが活気づき、自分自身はもとよりクラス全体で考えを深めながら道徳的成長が育めます！

体育が苦手な教師でも必ずうまくいく！
マット・鉄棒・跳び箱指導の教科書

三好真史 著 ◎A5判192頁 定価＝本体2000円＋税

体育科指導の最難関とも言われる器械運動は、3ポイントと5ステップを押さえれば必ずうまくいく！ 運動がじつは苦手という先生でも不安なく指導できる具体的方法が学べる本書。基本の技はもちろん、安全を確保する補助の仕方、つまずいている子へのアドバイスなどが分かりやすいイラストとともに学べて、どの子からも「できた！」が引き出せます！